JN063316

【改訂版】

はじめての部下育成の心得

中井 嘉樹 著

経営書院

はじめに

　かつて世界を席巻した日本的経営について、それを可能にした背景の一つとして、雇用の流動性の低さが上げられます。つまり、定年まで会社にいることを前提とする社会であったため、企業への忠誠心は強く、従って、特別の施策やコミュニケーションの工夫がなくとも、難なくある程度の高いモチベーションを確保することができていました。各個人に対する教育や指導による個人の成長を、そのまま組織の力として吸収することができていた時代でもあったわけです。こういった意味で言えば、企業と個人の関係が歴史上、これほど良好な状態を維持できていたことはなかったのではないかと思われます。

　ところが、バブル崩壊後の企業におけるリストラや成果主義の導入は、セーフティーネットとしての会社への信頼を揺るがせ、あれほど強固だった企業と個人の関係にもヒビが入りはじめました。その後の労働市場における需給の逆転により雇用の流動性はまたたく間に高まり、結果、企業と個人の関係はドライなものへと変遷を遂げ、現在に至っています。

　一方ではこのような社内での状況を抱えながら、他方、企業を取り巻く環境の変化は、そのスピードが収まるどころか、ますます加速しその度合を増しています。多様化する顧客ニーズと高度化する要望を満足させながら、コンペチターとの激しい競争に日々追われる毎日を送っています。

　このように社内外の厳しい環境にはさまれながらも、目標の確実な達成が要望されているのが、まさに現在の管理者と言えます。現在の管理者と20年前の管理者像とは、まったくの別物といっても過言ではないと言えます。

　従って、こういった意味で言えば、管理者としての本来のあるべき姿が追求され、同時に管理者の重要性が、今ほど求められている時代はないと言えるでしょう。

このような時代に持てる力をますます発揮できる管理者となるために、その基本的なポイントを提示するのが本書の目的になります。

　自社ビジネスの理解を踏まえた上で部下を指導教育し、さらに活性化させ、企業の持てる資源を最大限に組織力として活かすことのできる新しい管理者像として、次の3つがあげられます。

1. メンバー一人ひとりを育成し、それぞれの能力を高めることができる
2. 各メンバーのやる気を高め、持てる能力を最大限に発揮させられる環境を整えることができる
3. 育成したメンバーの能力と高まったやる気を、効果的に組織課題に集中させ、確実に目標を達成させることができる

　本書は、この管理者像を実現するために必要なポイントが、7つの章とそれぞれ各5つの項目でまとめられています。また、イラストや図表を多用することにより、わかりやすく、そしてイメージしやすいようにも工夫されています。

　第1章では、「管理者としての『仕事観』を養う」というテーマで、そもそも仕事とはなんなのか？　という基本的な視点を整理し、管理者として部下育成の基本になければいけない「信頼」について考えます。
　続く第2章では、組織力を活かすためにもっとも大切になるコミュニケーションについて記されています。「組織力を効果的に活かすコミュニケーションスキルを高める」ということをテーマに、仕事のおろし方、受け方、そして報連相と、部下指導において欠かすことのできないコミュニケーションのベースについて理解できるようになっています。
　そして第3章では、現在の企業社会でもっとも重要視されているモチ

ベーションについて、その理論的な背景も含め、実践的な場面でも活かせるように説明されています。「メンバー一人ひとりを自発的に行動させるモチベーションアップ力を高める」をテーマに、明日からでもすぐに活かせる視点で記載されています。

第4章では、「部下を育て、そして自らも成長する」をテーマに、課題形成から目標設定、そしてそれを達成させるための具体策の設定という、管理者が直面している現実的なテーマが取り上げられています。さらには、部下を育てるために、なにを教えなければいけないのかという大切な視点も記載されています。

第5章では、すぐに使える部下育成方法として、「『部下タイプ別指導法』を使いこなし、実践力をつける」をテーマに記載されています。例えば、"指示しても動かない部下"と一言で言っても、実はその内面まで掘り下げていくと、いくつかのタイプに分類されます。会社に不満を持っていて感情的になっているために動かない部下もいれば、やる気はあるのだがやり方がわからないため途方に暮れ、その結果動けなくなっている部下、あるいはその逆に、能力的には十分できるにも関わらず、今ひとつ自信がないため動けていない部下等々、一見すれば同じように見える"指示しても動かない部下"であっても、実はいろいろなタイプのあることがわかります。このようにいろいろなパターンがある"指示しても動かない部下"に対して、上司側が画一的に対処していては、非現実的な指導を行ってしまう危険性もあります。ここでは、部下のタイプ分けと、それに対する優先的な対処法が具体的に理解できるようになっています。

そして、第6章では、これも昨今注目されているチーム力強化について、「強固な負けないチームをつくる」というテーマで取り上げられています。チームビジョンについての理解を深め、さらには、それを"目標"として確実に日々の動きに落とし込むスキルについて記載されています。目標管理で悩んでいる管理者の皆さんには必見になります。

最後の第7章では、皆さんが管理者として自らの将来像をどのように考え、目指して行ったらよいのかを、「キャリアビジョンを描き、実現する」というテーマで記載されています。

　このように本書は、これからの新しい時代を担う管理者の皆さんにとって、その出発点となることをイメージし書かれています。より多くの管理者の皆さんが本書に接し、明日からの成功に向けた新しい始まりとなることを祈念しています。

　最後になりましたが、本書は、2008年初版の「はじめての部下指導の心得」の一部を加筆修正し、改訂版として発刊するものであり、この場をかりて、本書の出版にご支援いただきました経営書院出版部の皆様に謝意を表します。

中井嘉樹

目　　次

第1章

管理者としての「仕事観」を養う

① 「仕事の本質」を理解する

> ✓
> 仕事の本質とは「付加価値」を上げること
> 自社がどのように付加価値を上げているか理解することが大切

　我々は毎日「仕事」をしていますが、「仕事の本質」とはいったいなんなのでしょうか?

　このように問われれば、各人各様の考えがあるでしょう。なぜなら、それぞれの仕事にはそれぞれに重要な点や不可欠なポイントがあり、その仕事に一所懸命に取り組んでいるうちに一人ひとりの中で徐々に概念化されていくものだからです。

　もちろん、それはそれで大切にしていただくとしまして、ここではもう少し大きく枠を広げ、「仕事」というものの本質について考えていくことにしたいと思います。なぜなら、管理者として、「仕事とは、…」と、メンバーに自信を持って言えることが大切になるからです。

　「仕事」について、少し考えてみたいと思います。

　次頁の図は、小麦が小麦粉を経てパンになるまでの流れをイメージしたものです。業界の方々からは細かくは異論もあろうかと思いますが、ここはひとつのモデルということでお許しをいただきたく思います。また、記載している金額は、付加価値の流れを理解していただきやすくするためにおおよその金額を記載したものであり、実際の価格とは異なっていることをご了承願います。

図　小麦がパンになるまで

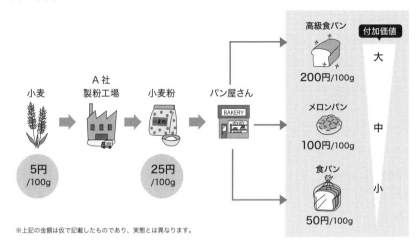

※上記の金額は仮で記載したものであり、実態とは異なります。

　A社はいわゆる製粉メーカーであり、仕入れた小麦を加工して小麦粉の形にして出荷します。この小麦粉を購入するのがパン屋さんであり、仕入れた小麦粉に手を加え、そこにいろいろな食材を組み込んで各種パンとして店頭に並べて販売します。図はこの流れを簡略化したものになります。

　ここで一番重要なことは、段階を経るに従って、100ｇあたりの価格が大きくなっていっているという点です。100ｇあたり５円の小麦は、100ｇあたり25円の小麦粉を経て、最終的には高級食パンであれば100ｇあたり200円というように「価値」が大きくなっていくのです。

　このことからは、それぞれの企業の中における「仕事」というものを通して、価値が順次、付加されていく様子を手にとるように理解できます。このようにして付加された価値を「付加価値」といいます。

　つまり、「仕事の本質」とは「価値を付加すること」「付加価値を高めること」に他ならないのです。

　このことは、小麦からパンに至る流れだけに限ることではなく、我々の身の回りではごく普通に見ることができます。

　例えば、自動車ができあがる流れを考えてみましょう。自動車のボディは薄板鋼板からできていますが、その薄板鋼板は鉄鉱石からできます。この「鉄鉱石→薄板鋼板→自動車」という流れを追ってみれば、パンと同様に価値が付加されていく過程を見ることができます。

　このことは製造メーカーだけに限ったことではありません。例えば、ウエディングを考えてみましょう。なにもない箱だけの空間は、それだけでは大きな価値を生むことはできませんが、その空間をウエディングの会場として仕立て上げれば、高い価値を付加することができるのです。坪数万円の会場が、ウエディングを実施している時は、坪数十万円の価値を生んでいることになります。つまり、サービス業でも同じことが言えるのです。

　このように、我々の身の回りのいろいろな場面で、価値が付加されている様子を見ることができます。さらに見ていけば、この付加される価値の大きさに違いがあることもわかります。

　前頁の図の食パンは100ｇあたり50円ですが、メロンパンになると同じ100ｇが倍の100円になります。つまり、それだけ価値が付加されたということです。この100円の価値を付加するためには、おいしいメロンパンを製造できる熟練された高い技術に裏打ちされた仕事というものが必要となるのです。さらには、100ｇあたり200円の高級食パンともなれば、他社がマネできないような差別化された技術とノウハウに支えられた仕事があってこそ実現できることになります。

　では、皆さんの会社は、どのような付加価値を上げているのでしょうか？　是非一度考えていただきたく思います。自社の存在価値を語れる管理者だけが、メンバーの心を燃えさせ、チャレンジングな方向へと動かすことができるからです。

いい仕事をするために 「管理者に求められる能力」

管理者に求められる能力要件は 3 つのスキルに分けられる
同じ "管理者" でも、立場や役割によって必要とされる能力は異なる

　では、管理者としての自らの存在価値を高めるためには、どのような能力を発揮しながら仕事を行えばよいのでしょうか？

　前節では、「仕事の本質は付加価値を上げること」ということを説明しましたが、このことから実際に仕事をしている我々一人ひとりにとって、「より良い仕事をする」とは、「付加価値をより多く上げる」ことに他ならないということがわかります。

　従って、管理者の存在価値は、各メンバーに与えられたそれぞれの仕事の付加価値を高めることと言っても過言ではありません。

　ここでは、管理者としての自らの存在価値を高めるために、主にどのような能力を発揮しながら仕事を行っていけばよいのか、考えていきたいと思います。

　このことについて、ロバート・カッツ教授が提唱した「カッツ・モデル」がわかりやすくそれを教えてくれています。

　「カッツ・モデル」の骨子として 2 つあります。

(1)管理者が必要とするスキルとして、「テクニカルスキル（実務遂行能力)」「ヒューマンスキル（対人関係能力)」「コンセプチャルスキル（課題形成／課題解決能力)」という3つのスキルがある。

(2)仕事を遂行する際に必要となるスキルについて、管理者を初級、中級、上級に分け、それぞれの階層ごとに3つのスキルの理想的なウエイトがある。

ということがポイントになります。

　それぞれのスキルと管理者の成熟度との相関については、次頁の図を見ていただければ一目瞭然と思います。
　テクニカルスキルのウエイトはマネジメント職制が上に上がるに順じて減少し、逆に、コンセプチャルスキルのウエイトは、上がるに従って増えていきます。「仕事の本質は問題解決」という根本的な部分がクローズアップされていくわけです。そして、ヒューマンスキルはすべての管理者においてほぼ一定して重要なスキルになっています。
　つまり、リーダーや主任、あるいは係長等の管理者になりたての「初級管理者」と、課長、次長等の「中級管理者」、そして部長や役員に就かれている「上級管理者」では、それぞれの役割が異なるため、当然、発揮しなければいけない能力要件が異なってくるわけです。
　我々は、まずこのことを理解することが重要になります。つまり、管理者としての行動をとる場合、そこを勘違いしないことがポイントと言えます。例えば、管理者になりたての初級管理者の方がそのまま部長の言動を模倣したり、あるいは逆に、部長になったのに昔の係長時代の成功パターンから抜け出せないでいたりすること等は、組織内において困った存在になってしまうこともあります。

図　3つのスキルと管理者に求められる能力要件

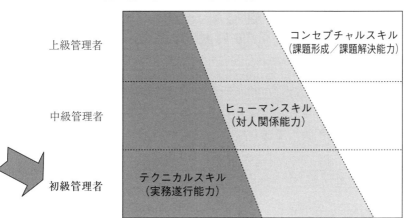

　皆さんの周囲にはこのような方々はいらっしゃらないでしょうか？カッツモデルは、同じ"管理者"でも、それぞれの立場や役割によって発揮しなければいけない能力の方向性に違いがあることを示唆してくれています。

　ひるがえって自分のことも客観的に見てみる必要があるかもしれません。自分の存在価値は、求められる能力を発揮してこそ、周囲から認められるものだからです。

できる管理者が最初に持つ 「仕事への取り組み姿勢」を知る

☑

「成功する管理者」になるために最初に求められること
現場で“稼ぎ頭”であり続けることが重要

　　前節で、管理者として必要な能力要件を理解いただきましたが、ではリーダー、主任等の初級管理者にとって、まず最初に重要になる能力とはどのような能力なのでしょう？
　　前節では、管理者と一口に言っても、それぞれの段階で優先される能力要件のあることを理解していただきましたが、本書を手にしていただいている皆さんの多くは、“管理者になったのだけど、どのような考え方と方針に基づいて自分の存在価値を高めていったらよいのか？”を模索している、いわば「羅針盤を求めている初級管理者」の方々と思います。
　　ここでは、「成功する初級管理者に求められる能力要件」について考えていきたいと思います。

　カッツモデルからは、初級管理者について言えば、「初級管理に求められる要件」の約半分がテクニカルスキル（実務遂行能力）で占められており、初級管理者が日々の業務における重要な成果責任を負っているということがわかります。
　また、ヒューマンスキル（対人関係能力）については、全体の４割も占めているということから、初級管理者には高いコミュニケーション能力が要求されていることもわかります。

　ただ、上級に行くに従って必要となるコンセプチャルスキル（課題形成／課題解決能力）については、初級管理者ではまだ１割程度の重点しかおかれていないことになります。

　このことから、「成功する初級管理者に求められる能力要件」として、まずはテクニカルスキル、すなわち、与えられた仕事を全うする上で必要とされる専門的な能力、知識やスキルが優先することになります。

　それぞれの仕事にはそれぞれの仕事を遂行する上で必須の知識や勘所、あるいはコツというものがあり、これらのスキルの高い人を総称して、一般的には“ベテランの域に達している”と表現したりします。初級管理者は、このテクニカルスキルに関しては、質的なものでいえば当然、ベテランの域に達しているかどうかがポイントになってきます。

　つまり、初級管理者は“管理者”といえども、まだまだ現場に近く、部署全体の“稼ぎ頭”でなければいけない存在だからです。

　とは言いましても、初級管理者は"管理者"であって、"専門職"ではありません。いわゆるプレイングマネージャーであるか、もしくはプレイングマネージャー的な機能を発揮しなければいけないことになります。軍隊組織で言えば、「軍曹」みたいな位置付けになるのでしょう。現場においては先頭に立ち、メンバーには背中で熱意を見せ、背中で教えていく、という役割を担います。部署に課せられた使命の達成と部下育成とを同時に実現しなければいけない立場だからです。

　現場における仕事という面においては、初級管理者は「見本」であり、目指すべき「目標としての姿」とも言えるでしょう。つまり、メンバーにとって、初級管理者は、目指してもらわなければいけない存在という位置付けになります。

　だからこそ、プレイングマネージャー的な存在としてメンバーと同じ仕事をして、歴然として力の差を見せつる存在でなければならないのです。なぜなら、メンバーの到達目標として常に高いレベルを維持しておく必要があるからです。

　とは言いましても、実はこのプレイングマネージャー的な立場というのは、なかなかやっかいなもので、自分の置かれた立場を中途半端なものとして感じる場面も多々あろうかと思います。

　しかしながら、初級管理者とは、この置かれた状況を積極的に受け入れ、次のステップを目指して自らの仕事の付加価値を高めていくことが望まれる存在でもあるのです。保有するテクニカルスキルにさらに磨きをかけ、洗練されたものにしていくことが期待されています。

実務遂行において「信頼を得るための３つのポイント」

管理者の実務遂行のキーワードは「信頼」
管理者として「信頼」を得るためには王道を歩むことが大切

> 　管理者は、チームをまとめ、組織力を活かしながら大きな業績の達成を実現する立場にあります。管理者として仕事を進める上において、もっとも重要なものとはいったいなんでしょう？
> 　管理者は多くの方を巻き込みながら仕事を進めます。管理者の方々にとって、より付加価値を上げ、仕事のクオリティを高めるためには、「信頼」という視点を抜きにして考えることは難しいでしょう。"信頼性""安心感"、あるいは"安定性"というものが周囲から獲得できているかどうかが、管理者として正常に機能できるかどうかを左右します。表面的に単に仕事が進んでいるということに留まるのではなく、そこには信頼性が伴っていなければいけないのです。
> 　ここでは、社内における信頼、すなわち、部下や他部署からの信頼を得るために必要な仕事の進め方について考えたいと思います。

　自分の目先の仕事を上手く回すために、ついつい自分勝手な動きをしてしまう、そんなことは過去にはなかったでしょうか？　思い出してみてください。
　管理者として社内での信頼を得るためには、言動が会社の利益、成長、あるいは、付加価値の向上という視点から決して外れていないことが一

11

番のポイントです。

　管理者ともなると、社内に対する影響力もあり、他部署に対してもそれなりの無理を言える立場にあります。その影響力を私的に利用して横槍を入れたり、無理を押し通していると、周囲からはごり押ししてくる人に映り、それが信頼性に対する大きな障害となってしまいます。ゴネ得は、一見すると得をしているように見えますが、実は信頼という一番大事なものを失っているのです。

　もちろん、現実的な個別対応が優先される場合もあります。このような場合は、周囲を納得させるだけの十分な説明を自ら行っていく必要があります。管理者としての説明責任が伴うことを忘れてはいけません。

　2点目は、社内のルールを曲げてまで、立場にものを言わせて無理を進めていることはないか、という点です。ルールというものは何のためにあるのか、原点に立ち戻って考える必要があります。

　組織で動くため、まして最大の利益を追求しようとしている企業という組織にあっては、その根本は効率の追求にあると言っても過言ではありません。組織ルールとは、最大効率をあげるための事前の決まり事であり、従って全員が遵守しなければいけないものなのです。

　管理者といえども組織の一員である以上、特別視は許されません。それどころか逆に、ルールを逸脱することが管理者の特権であり、管理者のありがたみであると勘違いしている管理者さえも見受けられたりします。意思決定は管理者の重要な仕事になりますが、それはルール破りの特権のことを言っているわけではありません。

　次世代を担う主任・リーダーであるならばなおさらのこと、決して奇をてらうことなく、情報を隠したり操作したりすることなく、王道を歩みながら成果をあげ続けていただきたいと思います。

　3つ目は、難しい場面でも、小手先やコミュニケーションでごまかしていないか、という点です。

　主任・リーダーともなると、仕事の勘所も押え、小手先で処理するテ

クニックも十分知り得ているものです。また、コミュニケーション能力も相応のものを有し、使いこなしていることと思います。

　しかしながら、お客さまへの応対や社内間の交渉事を小手先でまとめてしまうと、後々信頼を失うことにもなりかねません。「あいつにうまくやられてしまった…」というように、たった1回のことであったとしても、一度烙印を押されてしまうと、警戒される存在となってしまい、次回からスムーズにことを進めることが難しくなります。

　また、本来長所であるはずの優れたコミュニケーション力がアダになることもあります。中身の薄さをコミュニケーションでごまかすことができるため、ついつい多用してしまうようになる危険性があるのです。

　最終的には、お客さまの役に立つことが重要なのであって、仮に得意のコミュニケーション力を駆使しその場をうまく切り抜けられたとしても、お客さまの役に立っていない限り、決して付加価値を上げた仕事とは言えません。例えて言うならば、いくら楽しい会話ができる医師であったとしても、医術に関する知識や腕前が貧弱で治療を施すことができなければ、結局は患者さんの役に立てないことと同じと言えます。

　"ベテランの域に達した"主任・リーダーだからこそ、正々堂々と周囲に圧倒的な力を見せつけていただくことが望まれています。周囲からの信頼を得られるかどうかは、最終的には実は"自分との闘い"なのです。

「信頼」を得るための
三つのポイント

一　会社の利益に
　　反する行動は慎む

二　社内ルールや
　　ビジネスルールを
　　守る

三　小手先、あるいは
　　コミュニケーションで
　　ごまかさない

自分の判断基準はどこにあるか ふりかえってみよう

✓

管理者の仕事は意思決定の連続
初心に戻って自分の判断基準をセルフチェックしてみる

前節で説明した「信頼を得るための３つのポイント」について、皆さんはいかがでしたでしょうか？

ここでは前節に引き続き、管理者として周囲からの信頼を得るために、常に自分を律するための視点について考えていきます。

　管理者は"判断するのが仕事"と言っても過言ではありません。このことに気がついている人は少ないでしょう。なぜなら、意志決定とは、「海外進出を行うかどうか？」などのような大きな経営的な意思決定のみを指しているわけではないからです。日常の中で刻々と起きている出来事に対して判断を下していること、そのことが、他ならない"意思決定"でもあるのです。

　例えば、部下のＡさんが顧客のところでクレームを起こしてしまったとしましょう。「上司として今すぐにお詫びに駆けつけるべきか？　あるいは、Ａさんの帰社を待って、詳しい経過を確認してから手を打つべきか？」などの判断場面は、初級管理者として毎日直面していることと思います。"意思決定"というとどうも大げさな感じがするので、"判断"といった方が身近に感じられるのかもしれません。

　過去これまでしてきた仕事をふりかえってみて、困難な場面に直面したり、あるいは、自分にとって不利益な状況に追い込まれたりした経験

をお持ちの方も多いと思います。まして、管理者ともなれば、判断を迫られることは日常茶飯事です。

　実は、このような時にこそ、本当の姿が現れるものです。逆に、追い込まれた時だからこそ、その人の真価が問われると言っても過言ではありません。

　つまり、「直面したその場で下す判断の基準がどこにあるか？」ということなのです。

　自分の保身を考えた判断なのか？　社内向けの判断なのか？　あるいは、顧客に焦点を合わせた判断なのか？　基準を世間一般においた判断なのか？

　いろいろな判断基準がある中で、皆さんはどのような判断基準を持って、日々の判断業務を行っているのでしょうか。

　一見小さな判断のように見えるものでも、個人としての信頼を決めてしまうこともあります。組織人といえども"人"、管理者といえども"人"である以上、最終的には"人"として信頼できるかが重要になってくるからです。

　前節では「社内の利益が大切」と説明しましたが、その上位に位置するのが「法令」あるいは「ビジネス上のルール」や「世間一般的な判断基準」になります。確かに、効率を追求する上では社内のルールや決まり事が優先しますが、社外も巻き込んだ判断では、「正しいか」あるいは「筋が通っているか」という基準によってしか社外社内双方の納得を得ることはできません。そして、それを現場で実行していくのが管理者だとも言えます。

　今後の会社を担っていく管理者だからこそ、いざというときの判断基準として、ビジネス上の一般的な常識や法令遵守を押し通す強さが望まれます。そこへのこだわりと強さが尊敬につながっていくのです。

　管理者として「正しい基準に基づいた判断を行っているか？」という視点で自分をふりかえってみることが大切です。

> **Column**　管理者としてひと皮むけるための『目からウロコのワンポイント』
>
> ## 仕事の報酬は…？
>
> 　「仕事の報酬とはなにか？」―この問いかけに対して皆さんはどう答えますか？
> 　一人ひとりにはそれぞれの価値観・考え方がある以上、これが正解であるとは断定ができない禅問答的な問いでもあり、実際、セミナー等でこの問い掛けをしたりすると、「評価」「お金」「地位」など反応はさまざまなものが返ってきます。
> 　いくつかある中で、部下への指導に役立つ視点をひとつ紹介します。
>
> 「仕事の報酬は仕事」
>
> という視点です。
> 　このことは、いい仕事を行った人間にだけ次の仕事が訪れるいうことを意味しています。
> 　逆に言えば、優秀な人であればあるほど、必然的に次の"仕事"が回ってくることになります。ですので「なんで俺だけにいろんな仕事が来るんだ！」という状態は、実は"たくさんの報酬"をもらっている、"うれしい状態"ともいえるのです。マイナスに受け取らず、プラスに受け取る姿勢が大切です。
> 　初級管理者から次のステップである課長等の中級管理者になるということは、実は大きな流れで言えば「仕事の報酬は仕事」ともいえます。
> 　本書をお読みの皆さんには、是非とも今後大きな"報酬"を受け取っていただきたいと願ってやみません。

第2章

組織力を効果的に活かす
コミュニケーションスキルを
高める

❶ 「仕事のおろし方」をふりかえる

✓
メンバーにきちんと伝えることは本当に難しい
おろし方の手順を知っておくことが大切

　「仕事を "おろす"」という表現を使ったことがありますでしょうか?
　上司である限り、自部門のメンバーに仕事の指示をしたり、方針を示したり、あるいは施策の実施を要望したりしなければいけません。これらのことをひっくるめて、一言で「仕事をおろす」という表現をします。「仕事を発注する」という感じにとらえていただいてもいいかもしれません。

　では、皆さんは、上司としての自分の仕事のおろし方(仕事の発注の仕方)について、考えたことがあるでしょうか?　例えば、「仕事のおろし方」には、次の3つのパターンがあるとします。

① 「今月は我が部署は〇〇のような動きをしたいと思います」と、方針を口頭で伝える。

② 「今月は我が部署は〇〇のような動きをしたいと思います」と方針を伝え、その後に質問を受けたり、あるいは話し合いの時間を設ける等して、理解を深める努力をする。

③ 「今月は我が部署は〇〇のような動きをしたいと思います」と方針を伝え、その上で理解を深める時間を割き、さらに、その後の実施状況を確認するために、メンバー個々の数日間の動きをじっくり観察し、確実に行動化されているかチェックする。もし間違った動きがされている場合には、再度理解を深める時間を設け、また、行動化が浅い場

合は、再度重要性を説き、叱咤激励し、浸透を図る。

　自分で自分をふりかえってみて、前記の３つの中で自分自身の「仕事のおろし方」に近いのはどのパターンでしょう？

　仕事をおろすことを考えるときに一番重要なことは、上司である皆さんからの指示が、メンバー一人ひとりの具体的な行動の変容となって現れていなければいけないということです。このことから考えれば、前記の３つのパターンの中で、どれが一番確実に行動化を図ることができるかは一目瞭然です。

　下図に方針や目標、あるいは仕事をおろす時の手順をあげます。

① なにについての話なのか、あらかじめ範囲を絞り、
　 背景となる状況、主たるテーマを提示する

② 目的を伝え、理解してもらう

③ 内容を伝える

④ 質問を受け付ける

⑤ 質問がない場合や、理解に不安が感じられる場合は、
　 相手の理解を確認するために、
　 こちらから逆質問をする

⑥ 最後に、相手に「受けたこと」を
　 まとめ、復唱させる

　例えば、「（①）最近、営業所の数字が悪く、一人ひとりの動きがよく
ないように感じられる。ここで所内を活性化するためになにか新しい動
きを取りたいと思う。そこで、君に所内改革プロジェクトのリーダーと
なってもらいたい。（②）所内改革プロジェクトの目的は、所内を活性
化し、現状の数字低迷状況を上向きに変えることだ。（③）ということで、
君には、所内で起きている問題点を明らかにし、所員に共有した上で具
体的な解決策を立案し、10日以内に実行に移してもらいたいのだ。（④）
なにか質問はあるかね？（⑤）質問がないようなら、私から聞かせても
らうよ。「一体、どういった手順で進めようと考えているのかな？」「予
算的にはどのように考えているの？」等々。（⑥）では、最後に、今話
し合って決めたことをまとめてもらえるかな？」といった流れになりま
す。

　上記の①〜④までは、おおよそは押えられていると思いますが、実際
に重要なポイントである⑤と⑥までを押えた上で仕事をおろしている
か、一度ふりかえってみていただきたい思います。

　また、"決めたこと"の確認は、具体的な実施レベルを５Ｗ２Ｈ（２
つめのＨとは、How much）の視点で確認することがポイントになりま
す。

② 「仕事の受け方」をあらためて考える

✓

メンバーは、正確に上司からの指示を理解しているか
まずは「仕事の受け方」の基本をメンバーに教えることから始める

　上司からの指示がメンバーに正確におりていかないのには、2つの理由があります。

　1つは前節で説明した、上司側の「仕事のおろし方」に問題がある場合であり、もう1つは、メンバー側の「仕事の受け方」に起因する場合です。

　上司側の「仕事のおろし方」に原因がある場合は、上司側が自分で直せばいいことなのですが、メンバー側の「仕事の受け方」に原因がある場合は、上司としてメンバーに対する「仕事の受け方」の教育を行う必要がでてきます。

　本書をお読みの管理者の皆さんは、その指導、教育がきちんと行えているか、一度ふりかえってみて下さい。

　「仕事の受け方」のポイントは、2つあります。

　「目的把握・背景理解」と「Activityだけで理解しない」という点です。

　最初に、「目的把握・背景理解」について、これらが必要になる理由は2つあります。

●「状況対応」が正しく行われる…

現場では、当初に想定された状況とは大きく違ってくることも多くあります。それらの状況変化に対しては、現場で、迅速に、かつ柔軟に対応できなければいけませんが、その際の正しい判断、ブレない意思決定は、事前の目的把握や背景理解があって初めて可能になるのです。

●「工夫」が効果的に活かされる…

仕事を効果的に進めるためには、現場における創意工夫が重要な鍵を握ることになります。その創意工夫の前提は、本来の正しい方向性に向けて行われる創意工夫でなければいけません。仕事の目的が理解されて初めて、新しい試みは有効なものとなるのです。

いかがでしょうか？　皆さんのメンバーは、状況対応や創意工夫が十分になされているでしょうか？　もし、上司である皆さんが不十分と感じているなら、メンバーの「仕事の受け方」を確認していただきたいと思います。原因はそこにあるかもしれません。

2つ目のポイント「Activity だけで理解しない」ですが、"Activity" とは、"手足の動作" くらいに理解していただければいいと思います。つまり、仕事を "指示された動作" だけで受けるのではなく、その背景となっている目的と同時に、「ゴール（目標）はなにか？」という視点を外さずに受けているか、ということです。

　"Activity"というのは、あくまでも"マニュアル"レベルでしかなく、それだけに頼っていては、受けた仕事の成果を"発注者"の満足領域にまで高めることは難しくなります。なぜなら、仕事の"発注者"は、目的の達成とゴールへの到達を目指しているからです。
　"Activity"は、あくまでも、現時点で想定される"最良の選択肢"を示しているに過ぎないのです。

　「仕事の受け方」の手順は下図のようになります。

① 目的の理解を確実にすること
　（「なぜ」という視点）

② そこに至った背景や状況、経緯、
　意気込みや感情に至るまで理解する

③ 具体的な内容を5W2Hで理解する

④ 不明な点は必ず質問する

⑤ 最後に指示内容を、
　自分でまとめさせてもらう

❸ 「報連相」を効果的に促す「命解援」

✓
上司が「報連相」を要求するだけでは組織は動かない
「報連相」に対応する「命解援」を理解する

　管理者の悩みとして、「部下が報連相をしない」という言葉がよく聞かれます。

　ここで気をつけなければいけないことは、上司側が部下に「報連相」を一方的に要望するだけではなく、実は「報連相」には対語があって、上司側の責任として実施しなければいけないこともあるということです。

　それが、「命解援」です。

　重要なことは、部下に「報連相」を要望する前提には、上司側に「命解援」があるということです。例えば、映画等における軍隊のイメージから「命解援」を想定してみると、次のようになるでしょう。

（命）１週間後の○月○日までに、△△高地の敵をせん滅し、占領せよ
（解）△△高地を占領すれば、敵の補給路を断つことができ、北部戦線における我が軍は優位に展開を図ることができる。これ以上の損害を出すことなく、北部戦線を終結させることが可能になる。
（援）この作戦はとても重要な作戦であり、そのためには空軍の支援も要請できるようになっている。必要があれば、いつでも空爆実施の用意がある。

というようなイメージになります。

　このような「命解援」があって、はじめて次のような「報連相」が行われるのです。ちなみに、「命」と「報」が対をなし、同様に「解」と「連」、「援」と「相」がそれぞれ対をなしています。

（報）今日のところまでは作戦通り順調に来ています。しかしながら、前方500mのところに敵が強力な防衛ラインを引いており、今後の苦戦が予想されます。

（連）一方、敵が補給路を断たれることを危惧し、今朝から大量の物資移動を行っているもようです。

（相）敵の物資移動が完了する前に、兵力を増員し〇〇高地占領を早めるか、あるいは、空軍に要請し、補給路への直接の空爆も考えられますが、いかがいたしましょう？

　このことから、「命解援があって、はじめて的確な報連相がある」ということを容易に理解していただけることと思います。

　例えば、（解）で記載した内容を、事前に説明していなかったとします。命令を受けた部下は、〇〇高地のことにしか目が行っていませんので、敵が物資移動を活発化したことにまで注意が行き届かず、その後の（連）はなかったことでしょう。

　また、（援）を明確に伝えておかなければ、（相）の中身の発想は浮かばなかったことでしょう。

　「なんでそれを今の今まで言ってくれなかったんだ！」「なんで一言、相談してくれなかったんだ！」と、上司が部下の報連相の弱さをなじる前に、自分の命解援はどうだったのか、考えてみる必要があります。

　上司が必要とする「報連相」は、実は「命解援」があって初めて可能となるのです。

報告	指示命令を受けたことに対して、 その進捗状況、あるいは結果をしらせること
連絡	通報の必要性を察知し、自発的に状況、 あるいは結果をしらせること
相談	何かを決めるために、人の意見を聞いたり、 話しあったりすること

命令	適切な指示命令を出すこと
解説	出した指示命令を遂行することが、いかに 価値あることなのか、あるいは我々にとっ ていかに大切なことなのか、その目的や意 識をきちんと解説し、十分理解させること
援助	出した指示命令を完遂するために、 組織をあげて支援すること

「報告」を徹底するためのポイントを整理する

報告は組織が最大効果を上げるための不可欠なコミュニケーション
部下にその重要さを教えるための３つのポイント

　上司として部下に「報告」の重要さを教えることはとても重要なことです。部下に「報告」というものを確実に励行させるための３つのポイントを記します。

●「仕事を受ける」ということは、「報告義務を負う」ということ

　上司からの信頼を勝ち得るために、「確実な報告」を抜きにして考えることは難しいでしょう。なぜなら、"仕事の発注者"である上司としては、結果の報告がない限り、その仕事が終ったことにはならないからです。

　報告をもらえない上司は、いつまでも区切りがつかず、常にその仕事を気にしながらずっと覚えておかなければいけないという、宙ぶらりん状態のまま放置されていることと同じことになります。

　「仕事は報告をもって終る」、「報告をしなければ仕事が終ったことにはならない」は、基本の中の基本なのです。

●途中の進捗状況の報告を忘れない

　仕事の内容によっては、結果報告ができるのが数ヶ月先になるものもあります。

　そんな場合は、進捗報告が重要なポイントになります。現時点で順調

　に進んでいるのか、あるいは障害にぶつかり足踏み状態に陥っているの
か、常に"仕事の発注者"である上司と共有しておく必要があります。

　なぜなら、その情報を入手した上司から効果的なアドバイスをもらえ
ることもあるだろうし、上司が状況に応じたタイムリーな判断を行うこ
ともできるからです。

　数ヶ月先の期限が来てから「○○の理由でできませんでした」と言わ
れることが一番困る、ということをきちんと伝えることによって、明日
からの部下の行動は変わることでしょう。

　失った時間は戻らないのです。

●上司にとって最も良い部下とは、「ストレスを感じさせない部下」

　上司は日々難題に負われるなかで、直面した問題を解決するために、
持てるエネルギーのすべてを前向きな方向に向けたいと願っています。

　そんな矢先に、数日前に指示した仕事の報告がないということでイラ
イラしていては、目の前の仕事に集中できません。組織力を活かすとい
うことは、一人ひとりの持てるエネルギーを最大限に、しかも前向きな

方向へ発揮することであり、そのために、お互いがストレスフルな存在であってはいけないのです。

　我々が保有するエネルギーには大きく分けて「物理的なエネルギー」と「心的なエネルギー」の２つがあります。

　「手間のかかる部下」というものを想定した場合、まっさきに思い浮かぶのは、余計なクレームや問題を発生させる部下のことでしょう。その部下が起こしたクレームや問題等に対して、時間や金銭という物理的なエネルギーを割かなければいけないからです。

　同時に、実はストレスという心的エネルギーを割かなければいけない部下も、十分「手間のかかる部下」なのです。報連相を行わない部下こそ、日常的に上司にストレスという負担をかけ続けている部下に他なりません。

　逆に言えば、ストレスな部下の人数を減らすことが、優秀な管理者としてパフォーマンスを上げることができるかどうかの岐路になります。そのためにこそ、「上司の信頼を得るためには、上司に心配をかけない存在でなければいけない。その基本は「報告」にある」ということを部下に教えなければいけないのです。

❺ 「連絡」「相談」で確実な意思決定を行う

✓
「連絡」と「相談」は良質な意思決定のために必要なプロセス
部下に自発的なコミュニケーションを促し情報共有を行う

　仕事は常に外的な変化にさらされています。

　従って、管理者は常に細かな計画修正や戦略変更を行いながら、組織を引っ張っていかなければいけません。その対応の成否を決定付けるのが、「迅速に行われる良質な意思決定」なのです。

　では、意思決定はなにに基づいて行われるのでしょうか。

　意思決定を行う人間の考え方や価値観が大きく影響するでしょうし、さらには組織の方針や方向性も重要な要因になったりします。その上で、最も重要になるのが「情報」です。つまり、質の良い情報とその量が意思決定の質を決定付けることになります。

　「そんな大事なこと、なんでもっと早く言ってくれなかったんだ！あの時に言ってくれていたら、こんな大問題にならずに済んでいた！」というような事態にならないようにするのが「報連相」、とりわけ、「連絡」・「相談」になります。

　なぜなら、連絡と相談は、「意思決定の質を上げるために行う情報共有」という点においては同じ重要さを担っているからです。

　つまり、

●**「連絡」とは**…上司の意思決定の質を高めるために、部下側から自　　　　　　　　　発的に情報を提供すること

●**「相談」とは**…自分の意思決定の質を高めるために、部下側から自

　　　　　　　　　　　発的に上司や周囲から情報を得ようとすること
を言うからです。
　わざわざ組織として集うことのメリットのひとつに、この情報交換の
プロセスがあります。このプロセスを通してこそ、結果として、質の高
い意思決定に至ることができるのです。逆に言えば、部下から「連絡」
をもらえない上司の行う意思決定は、偏った情報を元にした決定になる
危険性があり、一方、上司に相談せずに勝手に意思決定した部下は、独
りよがりの動きに陥ってしまう危険があります。
　"組織力を活かす"という点においては、「報連相」というコミュニケー
ションプロセスを抜きにして語ることは難しいのです。
　ところで、管理者は、自分が報連相を受ける立場でもあれば、一方で
は報連相を実施する立場でもあります。従って、まずは管理者自らが、
自分の上司に対してきちんとした連絡・相談が実施できることがポイン
トになります。なぜなら、初級管理者の重要な任務として、基本動作に
関しては、まずは自らが手本とならなければいけないからです。

　部下の連絡・相談スキルの向上を実現するためにも、まずは自らが正しい手順を踏まえ、実践してもらえることが望まれます。

連絡の基本手順

①連絡する情報の種類を告げる。（○○に関する件）
②情報の骨子（結論）を述べる。
③情報の詳しい内容（事実）を述べる。
④この情報の解釈論、あるいは、この情報の意味するもの、自分なりの意見を最後に付け加える。
⑤引き続き、この情報についてどう対応していったらよいか？　確認し、指示をあおぐ。

相談の基本手順

①相談するテーマを告げる。（○○に関する件）
②相談の焦点を述べる。（例えば、「判断で悩んでいる」等）
③背景となる事実を述べる。
④自分なりに考えた経緯を述べる。（選択肢等）
⑤上司からのアドバイスをいただく。
（⑥相談した内容は、必ず後日結果報告をすること）

> **Column** 管理者としてひと皮むけるための『目からウロコのワンポイント』

コミュニケーションとは
自らの時間とエネルギーをかけるもの

コミュニケーションと聞くと、日常会話のような、無意識的な意思疎通を思い浮かべる方も少なくないでしょう。確かにそれも広くとらえればコミュニケーションの一部にはなります。

しかしながら、仕事が付加価値を効率よく上げていくことを目的としている以上、その"仕事上におけるコミュニケーション（ビジネス　コミュニケーション）"は、意識的にコントロールされ、さらにはスキルとして磨きをかけていかなければいけないものといえます。

"意識的に行う"とは、"自らの時間とエネルギーを投入する"ことです。このことを逆に言えば、コミュニケーションには、時間やエネルギーなどのコストがかかるということになります。

つまり、コミュニケーションとは、結果論として"うまくいかなかった"というものではなく、自らの意思の下、時間とエネルギーを投入して"うまくいかす"ものである、という積極的な視点が必要になってきます。

もし、皆さんが職場において、ストレスもなく楽しくコミュニケーションをとっているとすると、それは、単なる仲間同士のコミュニケーションをそのままビジネスの世界に持ち込んでいることに過ぎないのかもしれません。

本書をお読みの初級管理者の皆さんには、是非明日から、部下とのコミュニケーションに惜しみなく時間とエネルギーを投下し、スキルとして研鑽を図り、さらなるステップアップを目指してもらいたいと願っています。

在宅勤務における指導

　新型コロナウイルスは我々の社会に大きな影響を及ぼしました。中でも、働く環境に対して新型コロナウイルスがもたらしたものについて、多くの人が「在宅勤務」を挙げることでしょう。

　そして在宅勤務は、下記の 2 つの点で管理者の日常を大きく変えました。

　1 つは、部下との face to face のリアルな対面環境が一変したことです。

　これまでの管理者は、部下とは face to face のリアルな対面環境にあることが常態だったため、いつでも部下の表情や状況が見えていて、必要に応じて声を掛けたりコミュニケーションを取ったりしながら、部下との良好な関係を維持できたわけです。しかし、在宅勤務になると、それがこれまでのようにいかなくなります。

　2 つ目は、管理者としての仕事の遂行度合いが明らかになることです。

　これまでの管理者は、机に向かって座って居さえすれば、何もしなくても部下の方からやってきて、相談事や決済を求めるなどの管理者としての仕事を提供してくれたわけです。つまり、自ら動いて仕事を創る必要がなく、能動性が問われずに済んだ環境で仕事ができていたということです。ですが、在宅勤務ともなると部下から関わって来る機会が大きく減るため、受動的な待ちの姿勢のままでは、管理者としての存在価値が問われかねません。能動的に自ら働きかける指導姿勢が望まれるわけです。

　この 2 つの点をまとめてみれば、声をかけるタイミングを見計らうことができず、それでいて待っていてもなかなか声がかかってこない、という難しい状況の中で管理者としての仕事の存在価値が改めて問われる

ようになったといえます。

　ここで重要なことは、出社時であっても在宅勤務であっても、管理者としての基本業務に変わりはなく、本書で記載している内容についてもやることは同じなわけです。従って、在宅勤務における指導のポイントは、指導の中身にあるではなくて、リモート環境を克服することにあるといえるでしょう。ポイントは、管理者自ら部下に働きかける積極的で能動的な姿勢にあります。在宅勤務における指導のためのポイントは、下記の3点になります。

(1)　事前準備を行う
(2)　言葉による論理的な対話を行う
(3)　ノンバーバルコミュニケーション（言葉に寄らないコミュニケーション）を意識する

　部下に能動的に働きかけ、効果的な指導を行っていくためには、事前準備は欠かせません。

　何のために部下と連絡を取り、何を改善指導するのかという目的の明確化と、その目的を達成するために部下に対してどのようなステップで対話を行うのか？　などの事前準備が指導の成否を決めます。

　また、部下にわかりやすく説明するためには、明確に言葉で伝える必要があり、論理的で納得できる対話でなければいけません。

　そして、言葉の内容とは別に、口調や表情・態度が重要になってきます。目に見えなくとも、電話の声だけでも伝わるものがあります。部下が心を閉ざしたり反発することがないように、常に意識しながら対話をすることが大切です。

第3章

メンバー一人ひとりを
自発的に行動させる
モチベーションアップ力を
高める

① モチベーションとは「行動を起こさせる」こと

> ☑
>
> 単に "意欲を高める" ということだけにとどまらず
> 個々のメンバーの行動化を促すためにどうするか

　付加価値は、最前線、つまり "現場" で上げることになります。このことは、とりもなおさず現場で仕事をしているメンバーの高いモチベーションが重要になってくることを意味しています。

　なぜなら、人間は機械ではないからです。つまり、我々人間は、機械のようにスペックがあらかじめ決まっているわけではなく、その気になれば、2倍、3倍、いや、場合によっては10倍もの力を発揮することさえも可能なのです。

　従って、現場で仕事をしているメンバーを直接マネジメントしている管理者にとって、個々のメンバーのモチベーションを高め、果敢な行動を促進し、それを維持させるためのコミュニケーションがとても重要になってきます。

　実は、「意欲がある」ということと、「行動を起こす」ということの間には、大きな溝があります。

　実際に日常生活の中でも、「意欲」がそのまま「行動」にまでつながらない場面を我々は随所で見ることができます。例えば、電車に乗り座っているとき、偶然近くにお年寄りが乗って来られた場面を想像してみてください。たいての人は、「席をお譲りしよう」という意欲は喚起されることでしょう。ですが、実際に席を譲る人は少ないのが現実です。つまり、実際に腰を上げ、自分の足で席を立ち、「どうぞ！」と声を発す

る「行動化」にまでは、そう簡単に至らないのです。

　席を譲るという至極簡単な行動でさえこのような状況ですから、まして仕事場面ともなれば、これと同じようなことはいくらでも思い浮かべることができます。

　例えば、

・“成長するために努力しよう”とは思っていても、なかなか自己啓発や自己投資をしない部下。

・“悪い報告は早くしなければ”ということを理解し、上司に言おう言おうと思いながらも、ついつい言えずに、大事になって初めて報告に来る部下。

　皆さんも思い浮かべればきりがないことでしょう。

　もちろん、「行動にまで至らないのは、結果的には、意欲喚起が十分にできていなかったからだ」と考えることもできます。

　しかし、モチベーション（動機づけ）を「その気にさせ、ある特定の方向に向かって行動を起こさせ、さらにそれを持続させる心理的な働きかけ」と定義をすれば、最前線で部下を率いる管理者にとって、現場における部下ひとりひとりの行動に対して、単なる"意欲喚起"をターゲットにするのではなく、"チャレンジングな行動"、あるいは"行動変容"を実現するための働きかけを行っていく必要があります。

　そのためには、まずは代表的なモチベーション理論を理解した上で、その後に具体的なアプローチを考えていくことが大切になります。

　次頁以降で、順を追って見ていきたいと思います。

「欲求5段階説」を応用し
メンバーの行動の源泉を知る

> ☑
>
> 人間の基本的な欲求を5段階に分類し
> どの段階の欲求が強いかを見ながら動機づけしていく

　行動科学においては、モチベーションに関する代表的な理論が展開されています。

　大きくは「動因理論（欲求理論）」と「過程理論」に分けることができます。「動因理論」とは「欲求理論」とも言われ、"人を動機づけるものは何か？""人はどんな欲求を充足させようとして行動を起こすのか？"という点からアプローチをするもので、一方「過程理論」とは、"人はどのような過程を経て動機づけされるのか？""人はどのような道筋を通って進行し、行動化にまで至るのか？"という点に焦点を合わせています。

　管理者の基礎知識として理解しておく必要のある、それぞれの代表的な理論を紹介していくことにします。

　まず最初は、「動因理論」の「欲求5段階説」を説明します。

　「彼は現在なにを望んでおり、この次にはなにを望んでいくのだろう？」という疑問に答えてくれるのが、この理論です。

　マズローは、人間の基本的な欲求は5つあるとし、それぞれの欲求は段階的に位置付けられるものであるとしました。そして、それを表したものが次頁の欲求5段階説になります。

　最下段の「生理的欲求」とは、食べる、水を飲む、睡眠、性等の生命維持のための本能的な欲求であり、この欲求を充足しようとして人間が

行動する段階をいいます。この欲求がある程度満たされると次の段階である「安全・安定の欲求」、すなわち、身の安全や健康維持、あるいは、安定した仕事等の秩序、公平性の欲求を充足させようとします。そして、3番目の欲求は、「集団帰属の欲求」と呼ばれ、集団

＊マズローの欲求5段階説

や組織の一員として認められたい、周囲の人たちの輪の中で安心して生活したい等の社会的な欲求を充足させたいと考えます。それが満たされると、いよいよ4番目の欲求、「自我・自尊の欲求の充足」を満たそうとします。自分は役に立つ人間であると周囲から認めてもらいたいという欲求と、自分は価値ある人間なんだと自分で納得したいという欲求の充足を満たそうとするのです。そして最後に、自分の能力をいかんなく発揮したいという自己実現の欲求に至るとする理論です。

　つまり、低位の欲求が充足されると、人間はより上位の欲求を求めて行動するとし、また、最終的な欲求である自己実現の欲求は、決して充足されることはなく、その欲求を求めて行動は続くとしています。

　しかしながら、現実には、段階的に順次上位の欲求に進むとは限らず、また、同時並行に複数の欲求を満たそうとすることもあり、現在では古典的な理論として扱われたりすることもあります。とはいえ、人間の欲求を5つに分類し、その欲求を満たそうと行動する人間像は、多くの人の認めるところでもあります。

　管理者として、部下の行動の源泉を理解しようとする際には、この5つの欲求の分類はとても参考になります。

「動機づけ－衛生理論」で
メンバーの満足度を上げる

> ✓
> 「不満足」の反対が「満足」ではない
> 満足度を高めるための「動機づけ要因」を理解する

　「社内旅行の幹事を滞りなく進めたのに、誰も満足してくれない。どうなっているんだ？」というような状況を、わかりやすく説明してくれるのが、代表的な動因理論のひとつ、ハーツバーグの「動機づけ－衛生理論」です。

　我々は、"満足"の反対が"不満足"であり、"不満足"の反対が"満足"であると考えてしまいます。この考えでいけば、"今回の社内旅行には不満足でない"ということは、イコール"今回の社内旅行には満足した"ということになるはずなのですが、果たして本当にそうなのでしょうか。

　ハーツバーグは、調査で、仕事でやり甲斐を感じたときの説明に使われる因子と仕事に嫌な感じを持ったときの説明で使用される因子が異なることを発見しました。つまり、満足を実現する"満足要因"と、不満足を感じさせる"不満足要因"は別ものであり、満足要因を「動機づけ要因」、不満足要因を「衛生要因」と名づけました。

　例えば、駅から営業所まで徒歩で15分かかるとします。そのため部下の多くは常々不満を漏らしています。このような状況の中で、皆さんがこの営業所の所長だとしたら、どのように考え、どんな手を打つでしょうか。

　一番安易な解決方法は、駅から5分の場所に移転することでしょう。

多分、移転した直後は、不満を漏らしていた部下には、駅から近くなったことを喜んでもらえます。が、さてさて、この状況はいつまで続くことでしょう。その内に、駅ビルが良いと言い出すか、あるいは、エレベーターの待ち時間が長いとか別の不満足要因を探し出すかもしれません。

　「動機づけ－衛生理論」が示していることを、この例でご理解いただけたかと思います。

　部下により満足してもらうために、我々がまっ先に思い浮かべることは、給与や労働条件などの衛生要因の改善を図ることの場合が多いでしょう。しかし、実はそれらは、"良くて当然、悪ければ文句を言われるだけ"で、一つを解決しても、また次の不満足要因が頭をもたげてきたりします。もちろん、常に改善を進めることは大切ですが、それだけでは決して本質的な解決にはならず、部下の本当の満足度を上げることはできないのです。

　では、満足度を高め、果敢な行動を促すためには、なにが必要なのでしょうか。

　「動機づけ－衛生理論」では、満足要因として、"仕事の中身そのもの"をあげています。

　つまり、自分が成長できる仕事、あるいは達成感が感じられる仕事、チャレンジングな仕事等々です。実は、これらの要因が、昨今の若者の会社を選ぶときの条件と、とても近いことに驚かされます。

　反面、「動機づけ－衛生理論」は理論的には納得はいくものの、現実的には、「満足度」がそのまま「行動化」に直結するのだろうかという点から、モチベーションを満足要因だけで説明するには少々無理があるという意見もあります。

　ここで重要なことは、我々は謙虚になって、上司として部下にそのような仕事を与えることができているのか、一度振り返ってみることだと思います。「動機づけ－衛生理論」は、メンバーの仕事内容に対してより注意を払っていなければいけないという、管理者のマネジメント視点

について、その重要さを十分に教えてくれています。

「**満足**」の反対は「満足でない」状態
→これを決める因子が「**動機づけ要因**」

（仕事の中身そのものについてが中心）
・達成感が感じられる仕事
・責任と権限を与えられた仕事
・自分の成長につながる挑戦的な仕事
・貢献が見える仕事
・周囲から称賛される仕事
・おもしろい仕事、ワクワクする仕事
・組織業績に役立っていると感じられる仕事
・高い評価をもらえる仕事　等

異なる要因

「**不満足**」の反対は「不満足でない」状態
→これを決める因子が「**衛生要因**」

（仕事の周辺環境についてが中心）
・会社の文化や方針に合わない
・尊敬できない上司
・給与が低い
・労働条件が悪い
・会社が駅から遠い
・福利厚生が悪い
・同僚が合わない
・労働環境がよくない　等

「期待理論」を活用し
メンバーにやる気を起こさせる

行動化の強さは２つの要因から決められる
「達成可能性」と「主観的価値」がポイント

　これまでは「動因理論」を説明してきましたが、ここでは「過程理論」の代表的な理論である「期待理論」を説明します。

　「期待理論」とは、モチベーションは、期待（「達成可能性」という意味合い）と価値（「主観的価値」という意味合い）の積で表わされるとする理論です。つまり、行動化の強さとは、２つの因子、すなわち、ある行動を起こした場合に手に入る結果について、１つには、"どのくらいの確率で入手できるか"という点、そしてもう１つには、結果が得られたとして、その結果に対して"個人的にどのくらい高い価値を感じるか"という点、の２つの因子から導き出されるとしています。

　例えば、新規の顧客開拓を行う際にＡ社を攻めるかどうかを検討しているとします。その際に、営業担当のＢさんがＡ社攻略にどのくらい意欲を持って行動するか、それはなにで決められるのでしょうか。

　「期待理論」からいえば、まずは、Ａ社を攻略できる可能性がある程度高い確率で見えていることがあげられます。まったく達成が不可能だとしましたら、Ｂさんは最初からやる気も出ないことは明らかです。ですので、上司として、ＢさんにＡ攻略の可能性を見せる働きかけが必要になります。

　そして、次に重要なことは、Ａ社を攻略する価値がどのくらいあるかということになります。もちろん、実際に行動するＢさんにとっての価

値のことです。

例えば、Bさんは、月の売上高目標額を1,000万円持っているとします。毎月の達成に追われているBさんにとって、A社の攻略の価値はどのようにはかられるのでしょうか。

仮に、A社を攻略すれば、月に500万円の売上が見込めるとします。Bさんはがぜんやる気になり、会社からの支援を求めながら、がんがん行動することでしょう。しかしながら、努力に努力を重ね、なんとかA社を攻略したとしても、月の売上高が10万円にも満たないとなると、Bさんのやる気に火が付くことはまずないでしょう。

このように、本人の主観的価値によって、行動の強さは大きく左右されるのです。

そして、ここで重要なことは、"主観的"価値としていることです。

今回の新規開拓は、Bさんにとっての価値は確かに少ないのですが、ただし、会社として新規開拓にリソースを集中する価値が高いと判断していたとします。

このような場合、個人と会社の受ける価値のギャップを埋めるために、よく活用する手段として、社内で新規攻略キャンペーンを行ったり、報奨金を出したり、評価対象にしたり等々があります。このことの意味は、A社攻略が、Bさんにとっても価値が高まるように施策を打っている、ということです。そして、この施策の結果、Bさんの新規開拓に向けた行動化を大きく前進させることが可能になるのです。

このように「期待理論」は、現場に近い管理者にとって、とても有効に活用することができます。

> モチベーション＝期待×価値
> （動機づけ＝達成可能性×主観的価値）

❺ モチベーションアップのための 具体的な「2つの働きかけ」

(1)「主観的な価値を高める」ための働きかけ

　期待理論では、ある行動を取ったときに、そこから受け取ることのできるであろう結果が、本人にとってどのくらい価値があるのかによって、行動化の強さが決まるとしています。

　ここでの重要なポイントは、"本人が現時点で認識している価値"という点にあります。このことから言えば、より強い行動化のための動機づけをしようと思うならば、本人にとっていかに価値あることなのかを理解してもらえばよいということになります。

　価値付けのための5つのポイントを記します。

①正しいことを行おうとしていることを示す

　本人が後ろめたいと感じていることは、いかに上司の命令であろうと行動へ結びつくことは難しくなります。結局、「正しいこと」が人間を強い「行動化」へと導くのです。

　従って、我々が今やろうとしていることは、社会一般から見ても、いかに正しいことなのかということを本人に理解してもらう必要があります。「人の役に立つ喜び」「お客さまに喜んでもらえるうれしさ」等、人の幸せに結びつくということは、人間にとってもっとも大きな価値であり、強い行動化の源でもあるのです。

　「お客さまのため！」。これがメンバーを奮い立たせるのです。

②所属する組織と同僚に対して、大きな貢献につながることを示す

　今から行おうとすることが、組織的にいかに価値あることであり、い

かにすばらしい貢献なのか、そして同じ釜の飯を食う同僚たちにとって、いかにありがたいことなのかを理解してもらうことも重要になります。

　その理解があれば、自分の所属する組織や構成員のために力を尽くすことに大きな魅力と価値を感じることでしょう。

　「みんなのため！」。この一言が価値を大きくするのです。

③本人にとっての多様な価値を示す

　その行動をとることが、自分が思っている以上に、いかに自分にとって価値のあることなのかを理解してもらいます。

　人間は、自分の経験や知識の範囲でしかものごとを認識できないものです。人生経験も豊富で広い視野を持っている上司だからこそ、大きな視点を提供できるのです。

　物的な価値もあるでしょうし、また我々にとって「人から感謝される」という精神的な価値も大きいものです。さらには、本人の能力開発、成長にいかに結びつくかも、重要な視点にもなります。

④時間軸を先々へと伸ばす

　直近に手に入る価値だけではなく、長期的な視点を提供します。

　「この行動がこうこう結びついて、今はこうだけれど、先々にはこうなっていく」と、将来に対していかに効果が及ぶものなのか、あるいは、未来に対する大きな影響と予想される成果を説明し、だから今、○○を行うことの価値の大きさを理解してもらうようにします。

⑤行動結果の及ぶ範囲を広げる

　直接影響が及ぶ範囲の価値のみならず、そこから派生して多方面に及ぶ価値視点を提供します。

　自分のチャレンジングな行動が、いかに広い範囲で影響を及ぼし、多くの人の役に立てるかを説明します。例えば、自部署のためだけでなく、

実は会社全体にとっても、あるいはお客さまや仕入れ先、業界全体、さらには社会や地球環境にとっても、とても大きな価値のあることなんだ、ということを、「風が吹けば桶屋が儲かる」式の話でもいいので、わかりやすく流れとつながりを説明してあげるようにします。

① 正しいことを行おうとしていることを示す

② 所属する組織と同僚に対して
　大きな貢献につながることを示す

③ 本人にとっての多様な価値を示す

④ 時間軸を先々へと伸ばす

⑤ 行動結果の及ぶ範囲を広げる

(2)「達成可能性を高いと認識させる」ための働きかけ

　期待理論では、達成できる目標かどうか、という視点も本人のモチベーションに大きく影響するとしています。

　実際に、どんなに頑張っても到達できないような目標では、最初からあきらめてしまいます。また逆に、いとも簡単に達成できる目標レベルでは、本気になってやろうとは思わないでしょう。適切な目標設定を前提として、メンバーをモチベートするための働きかけ5つのポイントを記します。

①達成までの具体策を示す

　目標が設定されたら、その次には具体的な実行計画を立案する段階に

なります。

　その時に、達成までのストーリーが見えないとモチベーションは上がりません。その際に活きるのが、上司のこれまでの経験や知識です。若いメンバーの思いつく範囲は限られています。そこを広げ、「この方法なら達成できる！」と、スタート時点で自信を持たせる必要があるのです。

　具体策のアドバイス、達成までの手順、考えられる障害とその対処策等、このときが、上司としてのありがたみの見せ所です。

②過去実績と比較し、達成できることを示す

　他者の過去実績例を示し、「あなたもできる」と自信を持たせたり、あるいは、本人の過去の実績から共通点を引っ張り出し、これからやろうとしていることとの共通要素を結び付け、「前の○○の時と同じくらい頑張ればいいだけ」と、本人の達成に至る実感値を現実的なものとして感じられるようにしてあげます。

③具体的な提供支援を示す

　「自力だけで達成しなさい！」と突きつけられるとなかなか精神的に自信が持てないものです。

　もし困った場合には、具体的にはこんな支援も考えているよ、と示すことで、気を楽にしてチャレンジングな目標にも挑むことができるのです。

　上司の同行や、他部署への根回し等、上司としての支援案を伝えることで、安心して挑戦的な行動をとってもらうことができます。

④副次的な Output を示す

　"達成"の枠を少し広げるようなイメージです。

　行動することの価値を広げるという意味では、「価値付け」とも言えます。その行動を取ることによって、本来の目標以外に、達成される副

次的な目標を示すのです。

　例えば、「その行動を取ることによって、製造部への刺激となり、今後営業部としての動きがとりやすくなる」等です。

⑤やること自体に価値があることを示す

　ここまで上司がしてあげても、行動化に対する覚悟がなかなか定まらない部下もいるときもあります。そんな時は、思い切って、「やること自体に意味がある」（やること自身が目標）というように置き換えてしまうことも必要です。

　モチベーションの目的は「行動化」であることは先に述べたとおりです。行動なくしてはなにも始まらないことを考えれば、「まずはやってみよう！」という働きかけが必要な場合も確かにあります。

　やる気が行動を起こすのではなく、行動するからやる気が出てくるということもあるのです。

---

① 達成までの具体策を示す

② 過去実績と比較して、達成できることを示す

③ 具体的な提供支援を示す

④ 副次的な Output を示す

⑤ やること自体に価値があることを示す

Column　管理者としてひと皮むけるための『目からウロコのワンポイント』

部下のモチベーションを上げる本当の力とは…

　「リーダーシップ」の発揮とは、人がある目的を持って他者に働きかけるということをいいます。その点からいえば、上司が動機づけのために部下に対して働きかけることも、広くとらえればリーダーシップの発揮にあたります。

　リーダーシップは、言い換えれば「影響力」です。そういった意味では、発揮しようとする人の影響を受け容れるかどうかを決めるのは、実は受け手なのです。いくら「俺の影響を受けろ！」と上司が強く迫っても、残念ながら、その上司の影響を受け容れるかどうかは、受け手である部下自身が決めることなのです。

　このことを考えれば、部下がその上司の影響を受け容れるかどうかは、実は、その上司に対する人間としての信頼感、あるいは尊敬がその下地にあるかどうかによるところが大きいのです。

　そして、それらは、常日頃のビジネスシーンにおける上司の言動の積み重ねにより形成されるものです。積み重ねられたものということは、意識的に糊塗された言動から形成されるものではなく、日常の何気ない言動の中に垣間見るその人の生き様や価値観といったものが決めることになるわけです。

　部下のモチベーションを考えるに際し、我々はいま一度自分自身をふりかえってみることも必要になるのかもしれません。

第4章

部下を育て、
そして自らも成長する

「考える力」を形成する
５つのスキルを知る

✓

スキルということは努力次第で身に付くということ
「問題認識スキル」向上のポイントは「あるべき姿」を徹底すること

　管理者である皆さんは、部下に対して、「ちゃんと考えて仕事を進めるように！」とか、あるいは「なんで、もっとちゃんと考えてくれないんだ！」というような指摘を、思わずしてしまう場面も多々あることでしょう。

　ではいったい、「考える力」とは、どの場面で、なにをする力、なにができる力、を部下に要求しているのでしょう。

　この点について本書では、仕事の流れを５つのステップに分け、それぞれのステップで必要になる５つのスキルに焦点を合わせ、説明をし

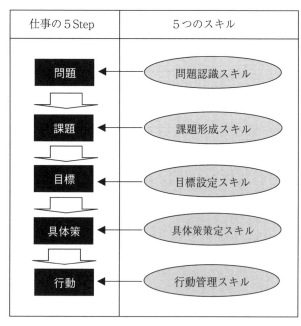

ます。

　ここで言う「スキル」とは、「技術」「技巧」「技」というように理解
されるもので、「何かができる能力」を言います。つまり、「知っている
だけ」ではなく、「実現化行動」までをも範囲として含んだものです。
同時に、「技術」であることを考えれば、努力次第で身につけることが
できるということであり、部下の育成指導の重要なポイントになります。

　５つのスキルのうちの第１ステップ「問題認識スキル」についてみて
いくことにします。

　そのためには、認識する対象である「問題」とはなにか？について考
えてみる必要があります。「問題」とは、一般的によく言われるように、
上図のようになります。

　つまり、「あるべき姿」と「現状」のギャップが「問題」ということになるわけです。逆に言えば、問題認識スキル、問題感知スキルとは、「ギャップ」を具体的に理解することのできるスキルと言っても過言ではないでしょう。

　ここでのポイントは、「あるべき姿のレベル」と「現状理解の深さ」の2つですが、とりわけ、この「あるべき姿」の認識が大きく影響を及ぼします。

　なぜなら、この「あるべき姿」の認識が低ければ低いほど、現状とのギャップを感じることがほとんどなくなるため、「問題」として認識されことはなく、結果的に「問題」は存在しないということになってしまいます。

　従って、問題認識スキル、問題感知スキルを高めるためには、上司として、部下一人ひとりに対して「期待」をしっかりと伝えることが重要です。

　上司が「期待」をきちんと伝えることにより、部下の中で「あるべき姿」が明確化されます。それにより、日々の多忙な対応に追われ、いつの間にか、狭くなった視野で自分勝手に思い込んでしまった低いレベルの「あるべき姿」を、もう一度見直すことになるからです。

　その結果、ギャップが明らかになり、問題が「問題」として見えるようになります。

　皆さんは、上司として、部下一人ひとりに対して「期待」を伝えられているのか、ふりかえってみることが必要かもしれません。

② 「課題形成」と「目標設定」で ターゲットを絞り込む

✓
問題を引き起こしている原因を究明し「課題」として可視化
その「課題」を達成すべき対象である「目標」に置き換える

例えば、A社からは"納期遅れ"、B社からは"間違い商品発送"、C社からは"数量変更依頼が通っていなかった"という、3つの配送上のクレームが時をほぼ同じくして上がってきた場面を想定してみます。

この場合、当然現場では、事後処理的にA社にお詫びに行き、B社に正しい商品を再発送し、C社に対して残りの数量分を緊急発送することになります。

しかし、実は、これらの緊急対応を終え、ホッと一息ついていては管理者の本分を果たしたことにはなりません。なぜなら、場当たり的な対応に留まらず、それらの原因を究明し、再発防止のための効果的な手を打つのが管理者の本来の仕事だからです。

調べていけば、こんなことがわかったりします。

「A社の納期遅れの問題も、B社の間違い商品発送の問題も、C社の数量変更依頼が通っていなかった問題も、すべては事務担当が定時になり帰社した後に入ってきた電話連絡が、きちんと処理されていないことに原因がある」

従って、課題として、「事務担当以外の人間が電話応対した内容について、どのようにして、適切な対応と間違いのない処理がなされるようにするか」ということが明確になるのです。

このように、課題形成スキルを高めるポイントは、発生した「問題」

について、より多くの情報を収集し、同時に、今回の問題以外にも範囲を広げ、周辺で起きた問題を再度洗い出し、その中から共通する要因を探し出すことです。範囲を広げるとは、時間的に過去にさかのぼることであったり、他部署までまたいで見てみることであったり、あるいは、仕事フローの上流、あるいは下流まで確認してみることをいいます。

　こういった意味では、「課題形成スキル」とは「原因究明スキル」と言い換えてもいいかもしれません。

　この課題形成スキルによって原因が明らかになったら、次に必要となるのが「目標設定スキル」です。すなわち、いつまでに、どのレベルまで、その課題を克服をするかを決めるステップです。現実的で、効果的な目標項目と、適切な目標レベルを設定する必要があります。

　つまり、「目標設定スキル」とは、課題を個々の目標として翻訳し直す作業であるとも言えます。

　この目標を設定するために、最も重要となるポイントは、「目的を明確にする」ということです。

　実は、目標の設定作業に入ると、具体的な現実に直面し、個々の現場における作業レベルに入り込むため、本来なんのために「目標化」しなければいけないのか、「○○のために」という「目的」がいつの間にか忘れ去られてしまうこともあります。

　例えば、先の例で言えば、"事務担当者が不在の場合の電話対応が、スムーズ、かつ正確に行われる仕組みを構築するために"、いつまでに、誰が、なにを、どのようにするのかを決めることが目標設定になります。

❸ 「具体策策定」で確実に目標を達成させる

> ✓
>
> **目標を達成させるためには具体策の策定が必須**
> **具体策策定のポイントは「成功例のベンチマーク」**

　実際の皆さんの部下の中で、目標を達成できる部下となかなか目標を達成できない部下の２人を思い浮かべてください。２人にはいったいどんな違いがあるのでしょう。

　目標を設定し、達成すべきターゲットを決めた後は、それをどのように到達するかという「具体策策定」の段階になります。目標を達成できない部下は、実はこの具体策の策定ができていない場合が多いのです。

　当然のことですが、目標を定めたからといって、勝手に目標は達成してくれません。目標は、自分の頭で考え、自分の体を動かして達成させるものなのです。この具体策を策定するスキルを「具体策策定スキル」といい、設定した目標を達成するための具体的な方策や行動計画を練るスキルのことをいいます。

　例えば、営業担当Ａさんの今月の目標額は1,000万円ですが、月初の段階でどう考えても300万円が見えません。Ａさんの具体策策定スキルが高ければ、この300万円をどのようにして獲得するか、具体的な行動計画となって表れるでしょう。しかしながら、Ａさんの「具体策策定スキル」が低い場合、上司である営業マネージャーはＡさんに対して効果的なアドバイスをしなければいけません。

　具体策策定における重要なポイントは、「成功例のベンチマーク」という視点です。

　卑近な例で考えてみたいと思います。

　例えば夏休みに子供と一緒にクワガタムシを採ることを考えたとしましょう。つまり、「クワガタムシの採取」が目標ということになります。

　この場合、いくらクワガタムシを採る目標を掲げても、具体的な行動がなければ画に描いた餅状態で、一匹も採ることはできないでしょう。目標を達成させるためには、クワガタムシの採り方を子供に教えなければいけないのですが、その場面を思い浮かべてみて下さい。まずは、自分の子供の頃に採った経験を話し、よくやっていた方法を最初に教えることでしょう。その次には、自分の友達から直接聞いた話を教え、そして、本で読んだ話とか、あるいはテレビでクワガタ採り名人と称される人がやっていたやり方等を教えたりすることでしょう。具体的な行動があってはじめてクワガタムシを採ることができるからです。

　このように具体策策定の源泉は、上司自身の経験や他者の成功例蓄積の量と多様さにあります。知識を疑似体験ととらえるとするならば、若い部下より多くの時間をビジネスの最前線で過ごしてきた上司の方が、当然より多くの選択肢を持っているわけです。その選択肢を背景に、確実で具体的なアドバイスをできることが、実はここ一番、上司のありがたみを発揮できる場面なのです。

　先ほどの例でいうならば、例えば、過去３年間の取引先で最近注文が滞っている顧客を洗い出し、そこを集中的に訪問し実績を上げた自分の過去の経験や、あるいは、ここ１年で出した見積りをチェックし、結論が未定のままになっている案件をピックアップし数字を作った他営業所のトップ営業のＢさんの実例等、具体的で有効な具体策をアドバイスしてあげることにより、Ａさんの目標達成を確実に実現することができます。

　上司として、より効果的で多様な具体策をアドバイスできるのかどうか、ふりかえってみる必要があります。

4 何を教えたら「人を育てた」ことに
なるのか

単なる知識やスキルを教えるだけで「教えた」ことにはならない
正しい「考え方」を教えて初めて「人を育てた」ことになる

　企業は Going-Concern（継続事業体）といわれます。

　つまり、永続することが前提であり、そのためには我々管理者が部下・
後輩を育てなければいけないということになります。

　しかしながら、なにを教えれば「人を育てた」ということになるので
しょうか。あるいは、それはどの場面で教えるものなのでしょう。さら
には、どのように教え、導くのがよいのでしょう。

　このことをわかりやすく説明しているのが「人材育成のための氷山モ
デル」です。次頁の図は、マーサー社が使用する氷山モデルに一部手を
加えたもので、教える内容を海に浮かぶ氷山に例え、段階的に説明して
います。

　我々が若手を育成しようとするとき、まず最初に「知識」を教えるこ
とになります（氷山モデルの最上層）。つまり、自社の製品やサービス、
あるいは競合や得意先、業界等についての知識を教えます。

　では、10人の若手にこれらの「知識」を教えたとすると、全員が同じ
ように期待される行動を取り、実績につなげることができるのでしょう
か。優秀な若手はこの段階ですでに期待に応えたりすることでしょう。
しかしながら、現実的には多くのメンバーに期待通りの成果を求めるこ
とはまだ難しい段階です。なぜなら、「知識」と「成果」との間には、「行
動」というプロセスが存在しているからです。この「行動」という段階

図　人材育成のための氷山モデル

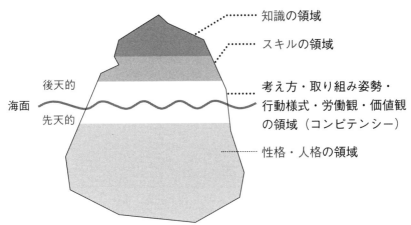

知識の領域

スキルの領域

考え方・取り組み姿勢・
行動様式・労働観・価値観
の領域（コンピテンシー）

性格・人格の領域

後天的

海面

先天的

を経ないで、安定した成果を得続けることは困難です。

　従って、我々はこの次になにをすることになるのでしょう。普通にい
けば「スキル」を教えることになります（氷山モデルの第2層）。「スキ
ル」とは「何かができる能力」であり、最上段の「知識」だけでなく、
それらをどのように活かし、組合せ、効果的な行動につなげていくか、
そのためのノウハウや技術を教えます。挨拶の仕方や名刺交換のやり方
等の基本的なことから、"こういった場面ではこうした方がいい"とい
うような高度な場面等、実際の行動ベースで教えることになります。

　この段階で、多くのメンバーは、上司の目の前では、一見してほぼ期
待通りの行動を取ることができるようになっています。従って、この段
階で我々は、「育成」はほぼ一通り終ったと考えてしまいます。なぜなら、
あとは実戦で試行錯誤しながら成長するものだと考えるからです。

　しかしながら、この段階で「教える」ことを終わりとしてしまって、
果たしてそれでいいのでしょうか。

　現実の場面では、日々現場ではいろいろなことが起きます。

　その度ごとに、若手社員であっても、大げさに言えば"毎日が意思決

定の連続"です。その細かく連続する意思決定を、いかに正しく行ったかという蓄積が、安定した業績を生み出すことにつながります。

　この場面場面で正しく意思決定させるための基礎となる「考え方」が、実は第 3 層なのです。第 1 層の「知識」を教え、第 2 層の「スキル」を伝えた段階で、"教えた"と勘違いしてしまいがちになりますが、実は、第 3 層「価値観、行動様式」まで教えて初めて、本当に"教えた"ことになります。

　管理者として、部下が正しく意思決定できるようにするまでが「育成」なのだということを忘れてはいけないのです。

「正しい意思決定」をしてもらうために必要なこと

なにげない日々の中にこそ教育するチャンスがある
上司が正しい考え方や行動様式を持っていることが重要

　営業における場面を想像してみてください。

　Cさんは、夕方に予定していた最後のお客さまのお店を出ました。こんなCさんが、「さぁ、これから帰社しよう」と思った瞬間には、実は彼には2通りの選択肢があるのです。1つは、このまままっすぐに帰社するという選択肢と、もう1つは、少し回り道になるけど、帰りがけに別のもう1社に顔を出してから帰社するという選択肢です。

　もし、この時上司である皆さんが同行していたとします。成功体験も失敗体験も豊富な上司としては、どちらの行動を選択した方が彼のためになるかは、実はよくよくわかっています。従って、Cさんに対して、どちらの道を選択した方が良いかというアドバイスを行うことでしょう。

　しかしながら、我々は毎日毎日朝から晩までCさんと行動を一にすることは、現実的には不可能です。つまり、Cさんが意思決定する場面場面に同席し、その都度アドバイスすることはできないのです。

　そんな中で、常に彼が正しく意思決定し、業績を向上していってもらうためには、彼の意思決定に対して常に影響を及ぼしていることが必要になります。

　つまり、Cさんが、そのまままっすぐに帰社するか、あるいはもう1社に顔を出してから帰社するかは、彼の価値観により決定付けられるこ

とになります。彼の行動は、目に見えない部分の価値観や考え方が取り組み姿勢につながり、あるいは行動様式となって現れるものだからです。

　では、その価値観に影響を与えたものはなんなのでしょう。もちろん、遺伝レベルの先天的な部分もあるでしょうし、幼少の頃の経験がそのまま行動様式を決定付けている場合もあります。しかしながら、仕事場面では、人生の先輩でもあり、ビジネスの先輩でもある上司の考え方や行動様式が大きく影響を及ぼしています。

　実は、これが第3層の意味なのです。氷山モデルの海面ギリギリまでなんとか影響を及ぼし、彼に正しい行動を取らせ、継続的な業績向上を実現させる、これが、第3層を「教える」ということなのです。

　では、この第3層である「考え方や行動様式」を、我々はどの場面で教えたら良いのでしょう？

　教育にはOJTとOFF-JTがあり、どちらも共に重要なことには変わりはないのですが、そのどちらとも判断がつきにくい部分に、じつは第3層を教育するチャンスが存在しているのです。

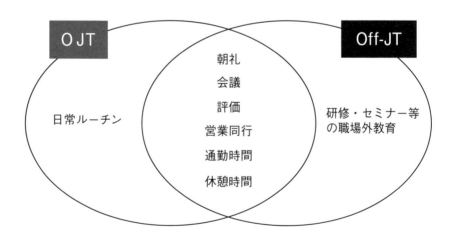

　例えば、単なる数字の確認や本日の行動予定の確認・発表の場となってしまっている朝礼が散見されますが、朝礼とは、会社が大切にしている価値観や行動様式を具体的で卑近な、直近の実例を引き出しながら再確認し、浸透させる場でもあるのです。そういう視点に立てば、「昨日、Aさんが〇〇な行動をしていたが、とてもすばらしいことです。なぜなら、当社の理念の中にある…」というようなコメントがあってしかるべきでしょう。

　同様に、営業同行で車を運転している際の会話や通勤電車の中でつり革を握りながらの数分の会話の中でも、あるいは休憩時間のほんのちょっとしたやり取りを通してでも、部下を育てようという気持ちさえあれば、教えるチャンスはいくらでもあるのです。

　このことを考えれば、第3層を教育するためには、上司である我々自身が、常に正しい考え方や価値観を持っている必要があります。なぜなら、とっさのアドバイスはごまかすことができないからです。

　心に残る一言を言える上司かどうか、たまには自分自身をふりかえることも必要かもしれません。

┌──┐
│ **Column** 　管理者としてひと皮むけるための『目からウロコのワンポイント』 │
└──┘

ハラスメント

　初級管理者の皆さんは、ハラスメント、中でもとくにパワハラについて十分に理解していることと思いますが、とても大事なことですので本コラムでポイントをおさらいしましょう。

　2020年6月にパワハラ防止法が大企業に適用され、2022年4月には中小企業にも適用となりました。防止法ができるまでは、厳しい指導とパワハラの線引きが難しい側面もありましたが、防止法においてパワハラは、①職場の優越的な関係を背景に　②業務上必要かつ相当な範囲を超えたものにより　③労働者の就業環境を害する行為　という3つの要件を満たすものと定義されました。また、会社に対して、パワハラを事前に防止する義務と、パワハラの訴えに対して相談・調査に応じる義務を課し、被害を相談した社員への不利益な取り扱いを禁じました。これにより、これまで曖昧だったパワハラに対する企業の責任は明確化され、管理者はパワハラに関する自己管理の重要性が問われることとなりました。

　さらに、厚生労働省は代表的な例として次のパワハラ6類型を示し、会社と管理者に注意を喚起しています。

●パワハラ6類型
1．精神的な攻撃（必要以上に長時間、繰返し執拗に叱るなど）
2．身体的な攻撃（丸めたポスターで頭を叩くなど）
3．過大な要求（新人で仕事のやり方もわからないのに他の人の仕事までおしつけられるなど）
4．過小な要求（事務職なのに倉庫業務だけ命じられたなど）
5．人間関係からの切り離し（1人だけ別室にうつされるなど）
6．個の侵害（交際相手について執拗に問われるなど）
（出所）厚生労働省資料

　パワハラは職場の生産性を著しく低下させるものであるため、業績向上をミッションとする管理者にとって、パワハラを防止することは当然の責務と言えます。つまり、パワハラ防止は法的な責任が伴うものであると同時に、業績向上のためには欠かせないものなのです。

　管理者として部下のためになると考えて助言したとしても、それが一方的に非難・攻撃されたと部下に受け止められてしまえば、それがパワハラとなります。このようなパワハラを防止するために、管理者が気を付けなければいけないポイントは下記の3つになります。

⑴　怒りを抑える　「6秒ルール」に則って、まずは怒りを我慢し、冷静さを取り戻す
⑵　話を聴く　部下の言い分を聴く。部下の心を心で受け止め、信頼関係をつくる
⑶　論理的に説明する　現実的な情報を具体的に多く提示し、言葉で説明する

　パワハラ以外のハラスメントにおいても基本は同じで、コミュニケーションや冗談のつもりでも、相手との信頼関係がなければハラスメントになり得ると認識しておくことが必要です。

| Column | 管理者としてひと皮むけるための『目からウロコのワンポイント』 |

問題や課題は「創る」もの

　これまでの説明で、問題に対しては「認識」「感知」、そして、課題に対しては「形成」という表現を使ってきました。

　しかしながら、コンセプチャルスキルをより深く掘り下げていけば、本来は「創る」ものであるという側面が見えてきます。

　例えば、ピタゴラスの定理は、ピタゴラスが生まれるずっと以前から自然法則として宇宙には存在していました。大げさに言えば、ピタゴラスは、それを発見しただけなのです。

　しかしながら、管理者が取り扱う「考える力」というものは、「発見する力」であると同時に、実は、自分で「創る力」でもあります。

　目の前の現実に触れ、実感しながら、自分の言葉で、問題や課題を「創る力」、極論すれば、「無理矢理、問題や課題に仕立て上げる力」、これこそが本当の意味での「考える力」なのです。

　本書をお読みの管理者の皆さんには、是非、ご自分の周りを見渡し、多くの問題や課題を積極的に創り上げていただけることを期待しています。

第5章

「部下タイプ別指導法」を
使いこなし、
実践力をつける

部下をタイプ別に理解し
的確に指導する

目に見える現象だけからでは有効な指導方法の確定は難しい
まずは冷静に部下をタイプ別に分類してみる

　実際の部下の中で、「思い通りに育たない部下」の顔を思い浮かべて
みてください。

　そして、その部下は、なぜ、「思い通りに育たない部下」なのでしょう。
逆に言えば、「思い通りに育たない部下」と感じるのは、部下がどのよ
うな行動パターンをもっているからなのでしょうか。

　例えば、

・最初は言ったことをきくが1週間もたたないうちに元に戻ってしまう
　から

・段取りがうまいこといかず、どんくさいから

・不注意が多く、基本的なミスが多いから

・仕事に臨む姿勢が受身で、指示待ちだから

・担当以外の仕事はしないから

等々、あげればそのパターンの多さに切りがないことでしょう。

　ここでの問題は、この部下に対する効果的な育成方法です。本書をお
読みの皆さんは、今、思い浮かべていただいた「思い通りに育たない部
下」をどのように指導されているのでしょうか？　そして、その指導方
法を選択することを、何に基づいて判断したのでしょう。

　実際、この部下に対して、何をどのように教えていくのが最適なのか、
実は、判断しようにも糸口がなかなかつかめないものです。なぜなら、

目に見える現象は同じであったとしても、その原因としては、いくつかのことが考えられるからです

　例えば、「指示しても動かない部下」がいたとします。

　この部下は、"指示をしても動かない"という行動特性（見える部分）は同じであったとしても、よくよく見ていくと、そこに至る背景（見えない部分）は、個々で違っていることわかります。

　例えば、

・会社に強い不平不満を持っていて、指示されても故意に無視している

・指示されたその仕事を、どのようにして実施したらいいのかわからないため、途方に暮れじっとしている

・やる気はあるのだが、どうしていいやらわからない

・ちゃんとできるくせに、結果に対する責任を取る姿勢がないため、どっちでもいいとほったらかしにしている

・その仕事を完遂するには、本人の力量をオーバーしているため、どうしようもできない状態にある

等の背景が考えられます。

　このような状況にも関わらず、我々がよくやる間違いは、深い背景を考えることなく、自分で勝手に思い込み、決めつけた指導を行い、行動変容を求めてしまうことです。

　逆に言えば、"真の理由"を押さえることなく、目に見える現象だけからでは有効な指導方法の確定は難しいということになります。

　このことから、部下をタイプ別に分類しようとする試みは、"真の理由"を押さえる上でとても有効であり、同時に冷静に部下を分析することでもあるのです。

他のことで
手いっぱい

会社に
不平不満

自分の力量を
オーバーしているため、
どうしようもできない

指示しても
動かない部下

やる気はあるが、
どのように
実施したらよいか
わからない

責任を取る立場にないため、
ほったらかしにしている

わかっているけど、
やる気になれない

タイプ分類のための「3つの判断要素」を理解する

部下をタイプ別に分類するための3つの判断要素を理解する
「能力面」「実務面」「メンタル面」という3つの視点で見てみる

　部下をタイプ別に分類するためには、まず最初に「能力面」「実務面」「メンタル面」という3つの判断要素を理解しておく必要があります。なぜなら、この後で、この3つの判断要素に基づいて、RDL分析という手法により部下を6タイプに分類するからです。

　人にはそれぞれ"得手不得手"があります。そして、"得手不得手"はそのまま"好き嫌い"にもつながっていきます。3つの判断要素の一つ「能力面」とは、この視点を言います。

　「能力面」についてもう少し詳しく説明します。

　与えられた仕事が、本人にとって不得手な範囲に含まれるものであるならば、本人にとって努力をしてもなかなか早期に結果を得ることが難しく、苦痛以外のなにものでもないでしょう。どうせやるなら、誰しも得意な仕事をしたいものです。

　「能力面」というのは、特に、本人にとって、まったくの不得手かどうかを判断する要素です。つまり、普通レベルまで到達するのに、かなりの時間を要すだろうと思われる種類の業務かどうかを判断する視点です。

　さらに言えば、好きな仕事というのはいったいどういう仕事をいうのでしょうか?

　多分、同じ時間の中で他者よりも良い結果を得られれば、誰しもその仕事が好きになります。他者から多くの称賛をもらうこともできるからです。つまり、「好きな仕事」とは、イコール「得意な仕事」であると言っても過言ではないでしょう。そういった点で、「能力面」には、〝好きか嫌いか〟も含めて考えるとわかりやすいのです。

　次の視点は、「実務面」です。
　いくら得手であったとしても、経験がある業務と経験のない業務とでは明らかにパフォーマンスが異なってきます。従って、同じ部下であったとしても、経験のあるなしによって、上司としての指導方法が変わってきて当然になります。また同様に、同じ仕事であったとしても、経験が豊富な部下と未経験の部下に対して、上司として指導のやり方が異なってくるのは、これまた当然のことでしょう。
　つまり、上司として、ある部下の指導方法を検討する際には、その部下の経験や実務遂行能力を理解しておくことはとても重要なことなのです。
　注意点としまして、この「実務面」というのは、部下を評価するためのものではないということです。あくまでも指導を効果的に行い、部下を育成するのためのタイプ分けが目的であって、部下の善悪を問うているわけではありません。従って、そのままの事実を素直に見てあげることが部下のためになることなのです。

　３番目の視点は、「メンタル面」です。
　せっかく任せた仕事なのに、途中で「やっぱり私には無理です！」とか、あるいは最後になって「もともと私でできる仕事じゃなかったんですよ！」とか、言われた経験をお持ちではないでしょうか？あるいは、最初から「私には無理です！」と言われたことがあるかもしれません。
　こういったことを判断するのが「メンタル面」になります。

　本人として、その仕事を遂行する自信を有しているかどうかも、上司が指導方法を検討する際の大きなポイントになるのです。

1．能力面

　本人がこれからいくら努力してもできない仕事か？
　（本人にとって、できるはずの仕事か？
　いくら努力しても、そもそも無理なことなのか？）
　本人にとって好きな仕事で、活き活きしているか？

2．実務面

　現時点で、その仕事を遂行する力、あるいは経験があるか？

3．メンタル面

　その仕事の結果に対して、責任を負う用意があるか？
　（その仕事に対し、コミットしているか？）

---

③　部下を「6つのタイプ」に分ける

✓
部下タイプ別分類の3要素を理解した後は部下をタイプ別に分類する
RDL分析手法を使用し、6つのタイプに分ける

　部下タイプ別分類のための3要素を理解した後は、この3つの判断要素をもとにRDL分析を用い、部下をタイプ別に分類します。
　RDL分析とは、
　⑴Rタイプ：感情面で反抗的になってる状態（Resist）
　⑵Lタイプ：その仕事が、能力的に限界レベルに達している状態
　　（Limit）
　⑶それ以外のタイプをDタイプ（Drive）として、さらに4つのタイプ、
　　D1〜D4にタイプ分けする
という全部で6つのタイプに、部下を分類する手法を言います。
　タイプ分けの手順としましては、まずは、「Rタイプ」かどうかを判断します。
　「Rタイプ」の「R」とは、「反抗」を表す「Resist」の頭文字からきています。「Rタイプ」の部下とは、会社や上司のマネジメントに対して、感情的に反発しており、反抗的な状況、あるいは硬化している状態にある部下をいいます。このような部下に対しては、いくら仕事をさせようとしても"焼け石に水"状態で、何を何度言っても、素直に受け入れ、好転することはないでしょう。
　このような場合は、仕事を指示する以前に、それとは異なる対策が必要になります。

次は、「Lタイプ」です。

「Lタイプ」の「L」とは、「限界」を表す「Limit」の頭文字からきており、前章で説明した「能力面」で劣っている状況を言います。

もちろん、一人ひとりの得手不得手や好悪感を前提にしていますので、判断は仕事別で行う必要があります。例えば、Aさんは、事務処理能力が高く優秀ではあるのですが、コミュニケーション能力が著しく劣っており、営業担当としての仕事はまったく見込めない状況にあるとします。この場合、Aさんは、営業という職種に限って言えば「Lタイプ」だということになります。

最後に、「Dタイプ」です。

ここまで来ると、本書をお読みの皆さまは何かにお気づきになりませんでしょうか?

そうです、「RDL」とは、覚えやすいように自動車のシフトレバーと語呂を合わせながら名付けられています。「R」は、そのタイプ別の特徴の「Resist」の「R」と、車のシフトレバーの「Rear」の「R」とを掛け合わせ、また「L」は、タイプ別特徴を表した「Limit」の「L」と、シフトレバーの「Low」の「L」とを掛け合わせています。そして、これから説明する「D」は、車のシフトレバー「Drive」の「D」と掛け合わせ、さらに、その「Dタイプ」をD1〜D4という4つのタイプ（ギヤ）に分けています。具体的な育成指導を推進する（ドライバーをかける）対象という意味の「D」でもあります。

Dタイプを4つに分類するための切り口は2つです。

1つは、「実務面」です。

「実務面」とは、「現時点で、その仕事を遂行する力、あるいは経験があるか?」という視点です。上司として、ある部下Bさんに対する指導を検討する場合、対象のC業務に対するBさんの力量（実務能力）を計らずして、適切な指導を行うことは難しいでしょう。

Dタイプを分類するためのもう1つの切り口は、「メンタル面」です。

　「メンタル面」とは、「その仕事の結果に対して当事者として責任を負う姿勢にあり、最後までやり抜けるか？」という視点です。

　上司として部下に対する感情面における支援的な関わりを検討する場合、対象業務に対するコミット（当事者としての自信ややる気）を計らずしては、どの程度の支援を行ったらよいのか、判断がつきづらいでしょう。

　この2つの視点、すなわち、「実務面」と「メンタル面」からDタイプを4つに分類します。

　このようにRDL分析により6つのタイプに分類することができます。

　実際の部下の現状について、図の流れに沿って、タイプ分けを行ってみてください。

R Resist

D Drive

L Limit

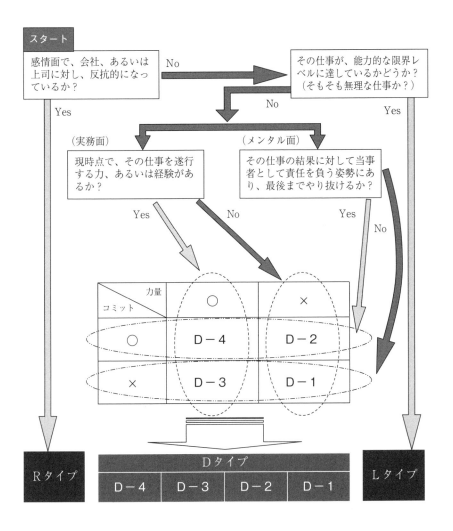

育成指導のための「5つのアプローチ」を知る

> ✓
>
> "指導する"ということは、なにかを"変える"こと
> 効果的な部下指導を行うための5つのアプローチを理解する

　部下を指導するということは、現在有している部下の問題となる行動パターンを、好ましい行動へと変容させ、結果的に組織の最大パフォーマンスを実現することに他なりません。

　では、いったい、どのような指導（アプローチ）で部下の行動変容を実現したらよいのでしょうか？

　つまり、"指導する"ということは、部下に対して、現状のままではなくなにかを変化させることであり、そのために、上司として「なにを変えるか？」ということなのです。

　このことは、「効果的な部下指導を行うために、なにを変えたらいいのか？」という、次の5つのアプローチにまとめることができます。

1．自分で自分を変えさせる（気付かせる）　　　　　　　　　　**Change M**
　　（Change one's Mind）

2．コミュニケーションを変える（Change Communication）　**Change C**

3．今の仕事の目標、方針、レベル、やり方を変える　　　　　**Change G**
　　（Change Goal）

4．仕事そのものを変える（やらせることを変える）　　　　　**Change T**
　　（Change Task）

5．環境を変える（Change Environment）　　　　　　　　　**Change E**

　この5つのアプローチのための、上司としての具体的な行動例を記し

ていきます。

●部下指導(1)『自分で自分を変えさせる（気付かせる）』（例）

・アクティブリスニング（積極的傾聴）を行う

・叱責する

・称賛する

・論理的なコミュニケーションを行う

・手本を示す

・本音を聞く

・拡大質問を多用し、考えさせる

・なくてはいけない存在であることを強調する

・権限を委譲する

●部下指導(2)『コミュニケーションを変える』（例）

・自分で働きかける

・他者に働きかけさせる

・手本を見せる

・自分で考えさせる

・無理やりやらせる

・監視を強める

・委任する

・率直に問題解決について話し合う

・原因（過去）ではなく、目を解決策（現在）に向けさせる

・指示を繰り返し言わせて確認する

・期待を表す

・役割を明確に示す

・プラスの評価を提示する

・能力を認める

・プラスのストロークを出す

・結果だけではなくプロセスを見る

・一緒に対応策を考える
・細かい注意を心がける
・具体的な提案を求める
・自分のことを話す
・報連相をさせる
・独り善がり・先走りをとがめる

●**部下指導⑶『今の仕事の目標、方針、レベル、やり方を変える』**（例）

・仕事の難易度を落とす
・半分の量にする
・目標値を下げる
・目標値を上げる
・高い品質を求める
・スピードを要求する
・落ち着いてゆっくり進めさせる
・専門性を高める
・チャレンジングな目標値にする
・新しい役割を与える
・組織への貢献をわかりやすく伝える
・社内ではなく、お客さまに目を転じさせる

●**部下指導⑷『仕事そのものを変える（やらせることを変える）』**（例）

・責任を持たす
・後輩の指導をやらせる
・マニュアルを作らせる
・一歩上の仕事をやらせる
・難易度の高い仕事をやらせる
・難易度の低い仕事をやらせる
・本人の得手の仕事に集中させる
・本人にとって未経験な仕事をやらせる

・自己完結できる仕事にする
・他部門とのつながりのある仕事につける
・社外に出る仕事をさせる
・人間関係の影響の少ない仕事に変える
・コミュニケーションを必要としない仕事に変える
・仕事量を増やす
・現場仕事に集中させる
・事務仕事に集中させる
・チャレンジングな仕事にさせる
・ハイリスクな仕事に就ける
・ペアでする仕事に変える

●部下指導(5)『環境を変える』（例）
・先輩、上司のいない環境にする
・先輩を変える
・後輩をつける
・職種を変える
・職場を変える
・部門を変える
・営業所を変える
・得意先を変える
・ルールを変える
・社内のシステム（流れ）を変える
・レイアウトを変える
・自分の関わり方やコミュニケーションのしかたを変える
・会議の進め方を変える
・退社時間を早める
・飲みに行く機会を増やす
・ランチョンミーティングを設定する

《部下指導のための具体的な行動例（一覧）》

『コミュニケーションを変える』

・自分で働きかける
・他者に働きかけさせる
・手本を見せる
・自分で考えさせる
・無理やりやらせる
・監視を強める
・委任する
・率直に問題解決について話し合う
・原因（過去）ではなく、目を解決策（現在）に
　向けさせる
・指示を繰り返し言わせて確認する
・期待を表す
・役割を明確に示す
・プラスの評価を提示する
・能力を認める
・プラスのストロークを出す
・結果だけではなくプロセスを見る
・一緒に対応策を考える
・細かい注意を心がける
・具体的な提案を求める
・自分のことを話す
・報連相をさせる
・独り善がり・先走りをとがめる

『今の仕事の目標、方針、レベル、
　やり方を変える』

・仕事の難易度を落とす
・半分の量にする
・目標値を下げる
・目標値を上げる
・高い品質を求める
・スピードを要求する
・落ち着いてゆっくり進めさせる
・専門性を高める
　・チャレンジングな目標値にする
　・新しい役割を与える
　　・組織への貢献をわかりやすく伝える
　　・社内ではなく、お客さまに目を転じ
　　　させる

『自分で
自分を変えさせる
（気付かせる）』

・アクティブリスニング
　（積極的傾聴）を行う
・叱責する
・称賛する
・論理的なコミュニケーション
・手本を示す
・本音を聞く
・拡大質問を多用する
・なくてはいけない存在で
　あることを強調する
・権限を委譲する

『仕事そのものを変える
（やらせることを変える）』

・責任を持たす
・後輩の指導をやらせる
・マニュアルを作らせる
・一歩上の仕事をやらせる
・難易度の高い仕事をやらせる
・難易度の低い仕事をやらせる
・本人の得手な仕事に集中させる
・本人にとって未経験な仕事をやらせる
・自己完結できる仕事にする
・他部門とのつながりのある仕事につける
・社外に出る仕事をさせる
・人間関係の影響の少ない仕事に変える
・コミュニケーションを必要としない仕事に
　変える
・仕事量を増やす
・現場仕事に集中させる
・事務仕事に集中させる
・チャレンジングな仕事にさせる
・ハイリスクな仕事に就ける
・ペアでする仕事に変える

『環境を変える』

・先輩、上司のいない環境にする
　・先輩を変える
　・後輩をつける
　・職種を変える
　・職場を変える
　・部門を変える
　・営業所を変える
　・得意先を変える
　・ルールを変える
・社内のシステム（流れ）を変える
　・レイアウトを変える
・自分の関わり方やコミュニケーションのしかた
　を変える
・会議の進め方を変える
・退社時間を早める
・飲みに行く機会を増やす
・ランチョンミーティングを設定する

「6つのタイプ」と「5つのアプローチ」を効果的に組み合わせる

部下のタイプによって効果的なアプローチは異なる
上司として部下タイプ別指導の具体的な切り口を押さえる

　これまで「6つの部下タイプ」と「育成指導のための5つの切り口」を理解いただいてきましたが、重要なことは、それぞれのタイプに応じて、部下へのアプローチの優先手段をコントロールしながら育成にあたることです。

　上司である皆さんが、部下一人ひとりを思い浮かべそのタイプを分類したとします。しかしながら、部下指導とは、タイプ別に分けた段階で終わりではなく、まず手始めに、そのタイプに応じて上司としてのアプローチを変えてみることです。つまり、部下をタイプ別においた時点が、本当の意味での部下指導のスタートになるのです。

　「タイプはわかったけど、まずはなにをしたらいいの？」「部下を育成するために、上司として、自分はまずはなにを変えたらいいの？」という疑問に応えるのが、5つの切り口との優先的なマッチングです。

　もちろん、部下の方々の現場における状況によっては、これから説明する5つの切り口の優先順位が必ずしも最適とは限らないかもしれません。とはいえ、ここで重要なことは、まずは仮説でもいいので部下の状況を理解し、その理解に沿って最適とされる指導を行ってみるということです。もし違えば、そこから次のアプローチを考えていけばいいことであって、まず上司としては行動を起こしてみることが大切なのです。

　次頁から、部下タイプ別の優先的な切り口を記載します。

①部下タイプ別指導「Rタイプ」

　「Rタイプ」の効果的な指導方法は、一般的には図のようなマッチングが優先されます。

　「Rタイプ」とは、上司や会社に対して感情的に反発している状況で、どちらかと言えば、被害者意識におかされているといっても過言ではありません。

　このような状態の中では、上司が正論を述べても、単に「押しつけ」と受け取られるだけで、決してそれを正当に判断してもらえるような状況ではないでしょう。従って、ここでは、本人に気付いてもらうことが一番重要になります。

　本人に自分で気付いてもらうという作業は、冷静に自問自答し、現状を再度見直す作業でもあり、自発的にこの作業を行ってもらうのは、なかなか難しいものです。焦って、上司が「今の置かれた状況がいかに恵まれているか、もっと冷静に考えろ！」と言っても、逆効果になってしまうだけでしょう。

　従って、自然と無理なく本人に考えさせるように、上司側が関わりを変えるということがポイントになります。

　それが、アプローチの(1)「自分で自分を変えさせる」ための上司の関わり方になります。

　しかしながら、自分で考えただけで、気付きが得られない場合もあります。その時は、次の優先的なアプローチ(2)「コミュニケーションを変える」を試みることになります。

　最終的には、本人の気付きを得ることが目的なのですが、自分で考えるだけではなかなか築けない場合も多いため、気付くためのヒントを上司が投げかけるというアプローチが必要になるのです。これが、「コミュニケーションを変える」アプローチの目的です。

　例えば、上司自らのアプローチではなく、あえて年齢の近い先輩から

声をかけてもらう等、コミュニケーションの取り方を変えるというのも
1つの手になります。

この2つの優先的なアプローチを取ったにも関わらず、本人に変化が
見られず、相変わらず反抗的な態度のままの場合は、残念ながら、アプ
ローチ(5)「環境を変える」という段階になります。

環境を変えてあげれば、元の状態に戻る場合も考えられるからです。

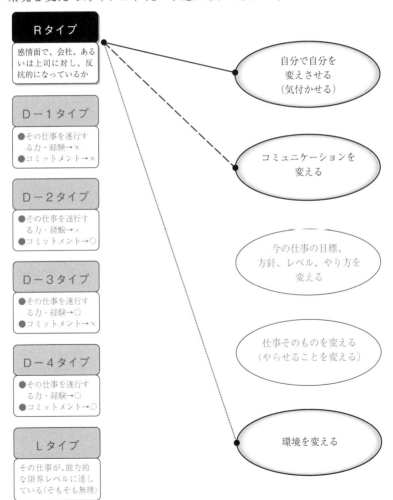

②部下タイプ別指導「D−1タイプ」

「D−1」タイプとは、実務能力がまだ浅く、同時にその仕事に対する自信が少なく、チャレンジングな動きができない状況にある部下を言います。

このような状況にある部下に対して、上司としては、まずは自分のその部下に対するコミュニケーションの取り方を少し変えてみる指導法、すなわちアプローチ⑵「コミュニケーションを変える」をとります。

例えば、自ら見本を見せて上げるとか、あるいは、自信を持たすために、これまで成し遂げてきた実績を再度評価し、「君ならできる」という気持を伝える等も考えられます。

それでも、前向きな姿勢を得ることができない場合は、次は、例えば、目標レベルを下げてみるというようなやり方になります。仕事内容を変更することなく、ボリュームやゴールレベルをコントロールするというやり方で、難易度を下げて、行動する気を起こさせるのです。これが、アプローチ⑶「今の仕事の目標、方針、レベル、やり方を変える」になります。

この段階に及んでも部下の状況が変わらない場合は、アプローチ⑷「仕事そのものを変える（やらせることを変える）」をとることになります。つまり、彼の得手な業務への転換を図り、そちらの方向で彼の能力を伸ばしていこうということになります。

Rタイプ
感情面で、会社、ある いは上司に対し、反 抗的になっているか

D−1タイプ
●その仕事を遂行す 　る力・経験→× ●コミットメント→×

D−2タイプ
●その仕事を遂行す 　る力・経験→× ●コミットメント→○

D−3タイプ
●その仕事を遂行す 　る力・経験→○ ●コミットメント→×

D−4タイプ
●その仕事を遂行す 　る力・経験→○ ●コミットメント→○

Lタイプ
その仕事が、能力的 な限界レベルに達し ている(そもそも無理)

自分で自分を
変えさせる
（気付かせる）

コミュニケーションを
変える

今の仕事の目標、
方針、レベル、やり方を
変える

仕事そのものを変える
（やらせることを変える）

環境を変える

③部下タイプ別指導「D−2タイプ」

　「D−2」タイプであるということは、仕事に対してやる気に満ちているが、まだ実務能力が追い付いていない状況を言います。

　ここで重要なことは、彼のやる気を失わせることなく、力量を一歩一歩確実に向上させるということです。従って、小さな成功を積み重ねながら、より難易度の高い業務をこなせるようにしたり、逆に、仕事の目標レベルを落とさずに、やり方を丁寧に教え、達成させるという進め方等になります。

　つまり、アプローチ(3)「今の仕事の目標、方針、レベル、やり方を変える」です。

　「D−2」タイプの場合は、ほとんどがこのアプローチ(3)で対応することになりますが、仮に未達が続くことにより、彼のコミットが薄らいできたことが感じられる場合は、アプローチ(2)「コミュニケーションを変える」をとることになります。高いモチベーションが失われることだけは避けなければいけないからです。

　アプローチ(2)により、コミットを維持し、じっくりと実務面での力を養うようにするのです。

　しかしながら、アプローチ(2)によっても実務面でのOutputが見えず、徐々にコミットを失いかけてきた場合は、アプローチ(4)「仕事そのものを変える（やらせることを変える）」へ移行します。

　この場合のアプローチ(4)は、仕事の範囲を狭めるといった方が適切かもしれません。

　彼が得意で、自己完結できる部分だけに集中させることにより、確実なOutputを出させ、一時的に失ってしまいそうな自信を取り戻し、再起を図るように持っていくやり方です。

Rタイプ
感情面で、会社、ある いは上司に対し、反 抗的になっているか

D−1タイプ
●その仕事を遂行す る力・経験→× ●コミットメント→×

D−2タイプ
●その仕事を遂行す る力・経験→× ●コミットメント→○

D−3タイプ
●その仕事を遂行す る力・経験→○ ●コミットメント→×

D−4タイプ
●その仕事を遂行す る力・経験→○ ●コミットメント→○

Lタイプ
その仕事が、能力的 な限界レベルに達し ている(そもそも無理)

自分で自分を
変えさせる
(気付かせる)

コミュニケーションを
変える

今の仕事の目標、
方針、レベル、やり方を
変える

仕事そのものを変える
(やらせることを変える)

環境を変える

④部下タイプ別指導「D-3タイプ」

「D-3」タイプとは、実務能力が整っているにも関わらず、モチベーションが上がっていない状態で、一般的にはマンネリに陥っている状況や、あるいは現在の仕事に対してもの足りなさを感じている状況を指します。

この場合の部下に対しては、まずはアプローチ(4)「仕事そのものを変える（やらせることを変える）」をとります。例えば、OJTリーダーやメンターなどの後輩の指導という仕事を増やしたり、あるいは、他部署との折衝係りにするとか、部署内で新しいプロジェクトを立ち上げてその責任者にするとか、要は仕事の範囲を広げ、存在価値を高めるようにします。それにより、仕事に変化を付け、おもしろさを感じるように持っていきます。

このアプローチの後は、アプローチ(5)「環境を変える」をとります。すなわち、アプローチ(4)が現状の業務を維持したままで仕事の価値を増やすやり方であるのに対し、アプローチ(5)は現在の業務そのものを変えるやり方になります。つまり、担当顧客を難易度の高い顧客に変えたり、エリアを変えたり、あるいは、労務担当から教育担当に変えるやり方です。

よりチャレンジングな環境を用意してあげるわけです。

それでもモチベーションが上がらない場合は、変えるのは本人を取り巻く環境ではなく、その環境を受け止める本人そのものの考え方を変えることが必要になります。すなわち、アプローチの(1)「自分で自分を変えさせる」になってくるわけです。

このことについては、第4章4節と5節をお読み下さい。

Rタイプ	
感情面で、会社、あるいは上司に対し、反抗的になっているか	
D-1タイプ	
●その仕事を遂行する力・経験→× ●コミットメント→×	
D-2タイプ	
●その仕事を遂行する力・経験→× ●コミットメント→○	
D-3タイプ	
●その仕事を遂行する力・経験→○ ●コミットメント→×	
D-4タイプ	
●その仕事を遂行する力・経験→○ ●コミットメント→○	
Lタイプ	
その仕事が、能力的な限界レベルに達している(そもそも無理)	

自分で自分を
変えさせる
（気付かせる）

コミュニケーションを
変える

今の仕事の目標、
方針、レベル、やり方を
変える

仕事そのものを変える
（やらせることを変える）

環境を変える

⑤部下タイプ別指導「D－4タイプ」

　「D－4」タイプは、実務そのものにも慣れ、またやる気に満ちた充実した状態のある部下をいいます。この部下は、まさに"鉄は熱いうちに打て"です。どんどんチャレンジングな場面を与え、困難に直面させ、大きく成長を図る時期です。

　このタイプの部下は、上司にとって一番近くにいてもらいたい部下です。だからこそ、上司側が気を付けなければいけないのは、彼を重宝がり、手元に縛り付けてしまうことです。今、上司としてしなければいけないことは、彼を手元から放ち、大きな世界へ向けて飛び立たせることです。

　そういった意味で、「D－4」タイプに対しては、まずはアプローチ⑸「環境を変える」になります。そのためには、実は我々上司側こそが自立しなければいけないのかもしれません。

　ただし、いくら環境を変えようとしても、会社組織においては自分の意思で変えられる範囲は限られています。従って、環境を変えることができない場合は、せめてアプローチ⑷「仕事そのものを変える（やらせることを変える）」の切り口を用意したり、あるいは、アプローチ⑶「今の仕事の目標、方針、レベル、やり方を変える」で目標レベルを高めたりします。

　とはいいましても、アプローチ⑶「今の仕事の目標、方針、レベル、やり方を変える」はあくまでも暫定的な手段だということを忘れてはいけません。

Rタイプ	
感情面で、会社、あるいは上司に対し、反抗的になっているか	自分で自分を変えさせる（気付かせる）
D－1タイプ	
●その仕事を遂行する力・経験→× ●コミットメント→×	コミュニケーションを変える
D－2タイプ	
●その仕事を遂行する力・経験→× ●コミットメント→○	
D－3タイプ	
●その仕事を遂行する力・経験→○ ●コミットメント→×	今の仕事の目標、方針、レベル、やり方を変える
D－4タイプ	
●その仕事を遂行する力・経験→○ ●コミットメント→○	仕事そのものを変える（やらせることを変える）
Lタイプ	
その仕事が、能力的な限界レベルに達している(そもそも無理)	環境を変える

101

⑥部下タイプ別指導「Lタイプ」

　「Lタイプ」とは、「Limit」、すなわち能力的に限界に達している状況をいいます。

　この「限界」というのは、その人間を決して全否定するのはなく、対象業務が不得手領域にあり、会社にとっても痛手であると同時に、彼にとっても苦痛な状況をいいます。彼自身の将来を考えれば、より得手な業務につけ、活躍できる範囲を確立できるようにしてあげなければいけません。

　ただし、「Lタイプ」かなと上司が感じたとしても、いきなり大ナタを振ってはいけないでしょう。なぜなら、「D−1」タイプ、あるいは「D−2」タイプであることも考えられるからです。

　そこで、「Lタイプ」と感じた時点で、まずはアプローチ(3)「今の仕事の目標、方針、レベル、やり方を変える」で、目標レベルを下げたり、仕事ボリュームを減らしたりして、彼自身の動きを見ます。「D−1」タイプ、もしくは「D−2」タイプであるならば、落ち着いて仕事に集中できるため、自分を取り戻し、そこからじっくり成長ができるはずです。

　それでも部下に変化が見られない場合は、アプローチ(4)「仕事そのものを変える（やらせることを変える）」をとります。

　例えば、終日社内にいる仕事で気が滅入るタイプの方は、社外に出る仕事を増やせば活き活きしてくるでしょうし、あるいは、他者と一緒に仕事をすることに苦痛を感じるタイプの方は、自己完結できる部分を増やせばいいでしょう。

　そして、最終的には、アプローチ(5)「環境を変える」をとることになります。

Rタイプ

感情面で、会社、あるいは上司に対し、反抗的になっているか

D−1タイプ

●その仕事を遂行する力・経験→×
●コミットメント→×

D−2タイプ

●その仕事を遂行する力・経験→×
●コミットメント→○

D−3タイプ

●その仕事を遂行する力・経験→○
●コミットメント→×

D−4タイプ

●その仕事を遂行する力・経験→○
●コミットメント→○

Lタイプ

その仕事が、能力的な限界レベルに達している(そもそも無理)

自分で自分を
変えさせる
(気付かせる)

コミュニケーションを
変える

今の仕事の目標、
方針、レベル、やり方を
変える

仕事そのものを変える
(やらせることを変える)

環境を変える

| Column | 管理者としてひと皮むけるための『目からウロコのワンポイント』 |

部下を育てることのできる初級管理者とは

　部下を育成できる初級管理者と、育成できない初級管理者の違いは、いったいどこにあるのでしょうか。

　テクニカルな面での違いを上げれば切りがないのですが、根本的な違いを1つだけ掲げることができます。それは、"自分自身が成長している"かどうかです。

　自分自身が常に新しいことにチャレンジし、更なる成長のための努力を続けている管理者は、部下の成長をも促し、共に成長する喜びを共有することができます。また、自分がどんどん新しい知識やスキルを獲得しているので、部下に提供できる知識やスキルに限りはなく、惜しみなく与えつづけることができるのです。さらには、成長を前提とした価値観を有しているため、部下一人ひとりに対して夢を与え、明るい未来を約することができます。そして最終的には、チーム全体が活性化するのです。

　これとは逆に、上司である管理者が成長のための努力を放棄し、既に保有している知識やスキルにすがり、既得権を振り回す環境を想像してみてください。

　どちらの環境にいるメンバーがより早く、よりダイナミックに成長するかは、歴然です。

　本書をお読みの管理者の皆さんには、常にチャレンジングな姿勢を維持し、成長のための努力を惜しむことなくし続けてもらえることを望んでやみません。

第6章

強固な負けないチームを
つくる

「チームビジョン」を掲げ
チームをまとめる

> ✓
> 毎日行っている仕事に意味を与えるのがチームビジョン
> 目標を達成したその先にはなにがあるのかを部下に示す

　"優れた組織"とはどういった組織をいうのでしょう。

　この点について、著名な経営学者であるドラッカーは、その著書「現代の経営」の中で、優れた組織を次のように説明しています。

　優れた組織では「投入した労力の総和を超える力が生み出される」とし、さらに、「投入したものを超える価値を生み出すことは、人間に関わる領域においてのみ可能である」と述べています。そして、そのための「高い行動基準」の必要性を掲げ、それを形成していくためには「行動規範」が重要になることに触れています。

　つまり、チームとして勢いのある動きをするためには、個々のメンバーの考え方やそこからもたらされる行動様式に、ある程度の共通性がベースになっていなければいけないのです。そして、そのためにチームとして大切にしている価値観をステートメント化することが大切になってくるのです。

　この流れを実現するためのポイントは、実は2方向からの同時アプローチにあります。

　1つには「中長期の目標」という方向からのアプローチであり、もう1つは「日々の行動レベル」という方向からのアプローチで、チーム文化を醸成し、そこから個々人の行動を好ましい方向へ導くというアプローチです。前者は「チームビジョン」、後者は「ストラテジック　プ

リンシプル」と呼ばれています。

「チームビジョン」とは、企業で言えば、顧客満足や、社会に対する貢献等を、経営理念、ミッションステートメント、社是、社訓等の名前で掲げられているものです。それと同じようにチームとしての、中長期的な目標や到達点を明示したものといえます。

例えば、

・我々のチームは、将来的にどんなチームを目指しているのか？

・なんのために我々は頑張っているのか？

・チームを構成している各メンバーは、どのようになってもらわなければいけないのか？

等を明示したものです。逆に言えば

・今掲げている目標を達成したその先にはなにがあるのか？

　を示したものとも言えます。

例えば、営業所の場合を例に考えれば、「中核営業所として、常に新しいことに取り組み全社に発信し、また、全営業所のモデルとなる人材を輩出する」というようなものが考えられます。

このことは中長期的な目標であると同時に、実は、自分達の日々の行動に対する"価値付け"もしくは、"意味付け"にもつながる重要な意味を持っているということでもあります。

なぜなら、仕事とは、実は、毎日がそう目新しく、常に変化に満ちているものでは決してないのです。むしろ、大きな視点で見れば、単調な作業の繰り返しという一面もあります。この日常のルーチンに

対して、どのように価値を与え、意味を持たすかが、管理者としての重要なマネジメント視点になるのです。

　そして、将来の目標、ビジョン、あるいは夢を掲げることは、同時に、そこを目指している"今、ここ"の価値を高めることにもつながってきます。この価値こそが、所属するチームメンバーに対して、"誇り"と"自信"をもたらすのです。

　逆に言えば、チームとしてまとまりを有し、困難に対しても果敢にチャレンジを続けるチームには、自チームに対して"誇り"を持つメンバーが数多く存在しています。自らが所属する組織（チーム）に対する誇りは、自信と強いコミットを生み出します。そして、これがチームの隅々まで行き渡ったときが、チームとして最高の力が発揮されることになるのです。

　チームビジョンを掲げ、明示することは、それ自体が目的というよりは、それを入り口として最終的に得られる高度のパフォーマンスが目的なのです。

```
チームビジョン
 ・組織の価値を表したもの
 ・中長期的な目標を示したもの
 ・最前線の社員に対し、誇りと自信をもたせるもの
 ・「なにをすべきか」を示すもの
```

　メンバーに対して、自分達の存在価値を提供できているのか、是非一度自問してみてください。

② 「ストラテジック・プリンシプル」を示しチームを動かす

> ☑
> シンプルな行動原則を部下に示しチーム戦略を推進する
> 「何をすべきか」だけでなく「何をしてはならないか」をも明確化する

　前節で、「チームビジョン」を掲げることの重要性をご理解いただけたと思います。

　では、チーム力を強化するためには、それらを掲げるだけで十分なのでしょうか。

　現実的には、大きな目標を掲げられても、それを確実に実現するための日々の行動にまで入り込まないと、メンバー個々の行動はぶれてしまい散漫になってしまいます。

　そこのギャップを埋めるのが「Strategic Principle（ストラテジック・プリンシプル）」です。

　直訳すれば、「戦略実現のために重要な原理原則」、あるいは「目標を達成させるための行動原則」というようになりますが、日常的な言葉で言えば、「行動指針」もしくは「行動原則」という方が理解しやすいかもしれません。

　つまり、チームビジョンは、より大きな視野に立った抽象的な表現になる場合もあり、現場における個々人の個別行動にまで直接的に影響を及ぼす面では弱さが残ります。一方、ストラテジック・プリンシプルとは、戦略を確実に推進するために、そのエッセンスを覚えやすいフレーズに落とし込んだものなのです。

　ストラテジック・プリンシプルの例を挙げれば、例えば、越後長岡藩

が江戸時代を通じて一貫して掲げていた「常在戦場」があります。「寒いとか、腹が減ったとか、ここが戦場だとしたら、そんなこと言えるか？」という意味であり、長岡藩の武士の子供は、最初に覚える言葉がこの「常在戦場」と言われるくらい、260年に渡り、日常行動を支えてきたフレーズです。

このフレーズが行動の一貫性を維持させ、結果的には、迅速な意思決定とスピーディーな行動をもたらし、さらには、トップから現場の一人ひとりに至るまでの一糸乱れない動きを実現し、チームとしての相乗的なパワーを生み出します。日常ルーチンにおける具体的な行動レベルにまで強い影響を及ぼすのが、このストラテジック・プリンシプルにほかならないのです。

長岡藩の幕末における活躍と多くの逸材を輩出してきた背景には、この「常在戦場」というストラテジック・プリンシプルの存在も忘れてはいけないのだろうと思います。

ストラテジック・プリンシプルとは、なにも長年に渡って保持しなければいけないものでもありません。目の前の具体的な目標を達成するための行動原則としてもとても有効な手段になります。

歴史を振り返ってみれば、織田信長は桶狭間の戦いに臨む際に家臣に下した「今川義元の首以外は取ってはいけない」という言葉がまさしくストラテジック・プリンシプルであり、「戦略実現のために重要な原理原則」であり、「目標を達成させるための行動原則」なのです。「何をすべきか」と同時に、「何をしてはいけないか」をもシンプルな原則として明確に示しています。

また、赤穂浪士の吉良邸討ち入りの際、大石内蔵助は常に3人一組での行動を命令しました。このことは、「3人一組で行動すること」を指示していると同時に、「単独行動をしてはいけない」と禁止行動を示しているのです。

日本海海戦の際、有名な「丁字戦法」をとるに当たって東郷平八郎元

帥は、後にトウゴウターンと
呼ばれる歴史的な敵前大回頭
が完了するまで、敵の砲撃に
耐え、決してこちらからは一
斉射撃をしてはいけないと命
令を下しています。

　つまり、大海戦に臨み東郷
元帥は、「皇国興廃此ノ一戦
ニアリ」というビジョンを掲
げながら、その一方では戦略
実現のための行動原則を示し
ていたのです。

　このことは、日々のビジネス活動においても戦略実現のための有効な
手段として活かせます。

　例えば、今期の目標を達成するための戦略が新規開拓にあったとします。

　営業マネージャーとしては、「なぜ今新規開拓なのか？」というビジョ
ンを掲げるとともに、一方では「そのためにしなければいけないこと、
してはならないこと」を示さなければいけないのです。例えば、一日に
最低2軒は新規店を回るとか、あるいは、新規顧客以外の上司同行はな
しとするというような行動原則です。

　皆さんはどのような "行動原則" を打ち出しているか、ふりかえって
みてください。

（図2）

> ストラテジック・プリンシプル
> ・行動のベースとなる要素を覚えやすいフレーズで表したもの
> ・シンプルな原則としての行動指針を示したもの
> ・判断を下すためのガイドラインを示し、迅速な意思決定とス
> 　ピーディーな行動を促すもの
> ・「何をしてはならないか」をも示すもの

③ 「役割」を設定し チームを「共働（協働）」させる

✓
組織目標を達成するためにどんな動きが必要かを列挙し
「役割マトリックス」で一人ひとりの「役割」として明確化する

「チームビジョン」と「ストラテジック・プリンシプル」を掲げ、チームとしての価値観を型作った次には、なにをしたらよいのでしょうか。

チーム力をより強化するためには、個々のメンバーの行動を連携した組織行動にもっていく必要があります。なぜなら、個々がそれぞれに活性化しただけでは組織としての相乗効果を上げることは難しく、それぞれの動きが有機的に結びついた戦略行動となっていなければ、各メンバーのせっかくの力は分散されてしまい、「1 + 1 > 2」の結集された力として発揮されることはないからです。

このようにメンバー個々の行動がブレて散漫になってしまうのを防ぎ、組織力の発揮を実現するためのポイントが「役割設定」と「目標連鎖」という視点です。

例えば、浜辺にいる鳥の群を思い浮かべてみてください。一斉に降り立ち、そして一斉に飛び立って行きます。この行動を果たして"組織力のある動き"と言えるでしょうか？　答えは、NO でしょう。なぜなら、全部の鳥たちは同じ行動をとっているだけで、組織として動いていないからです。つまり、グループ（群）ではあるものの、チーム（組織）ではないのです。

では、"組織として動く"とは、いったいどういった動きを言うのでしょう。

　仮に鳥の例で言えば、一羽一羽がそれぞれの役割を担い、それに沿って行動することを言います。普通の鳥はそのような動きを取れないので、"組織的"とは言えないのです。ちなみに、海に住むシャチは、それぞれの方向から追い込む役や襲う役が決まっているようで、共同で狩りをすると言います。

　鳥とシャチの違いが、「共動」と「共働（協働）」の違いです。

　このことは、実はチーム内における仕事を考える場合とまったく同様です。

　つまり、「共働（Collaboration）」とは、単に一緒に仕事をするということだけではなく、それぞれのメンバーの役割（Roll）が設定され、それらが有機的に組み合わされ一丸となって目標を目指している状態を言います。全員がまったく同じ行動をしていては、チームとして集まった意味がないでしょう。「共働（Collaboration）」、すなわち「役割設定」は、チーム力強化のために必須の要素なのです。

　このことを、例えば、「火の用心」を実現するために、チームリーダーがどのようにメンバーを動かすかという場面で考えてみましょう。

　「火の用心！」とチームリーダーがメンバーに言い、これに呼応し、メンバー全員が「火の用心！」「火の用心！」「火の用心！」と連呼して回っているだけではほとんど意味をなさないでしょう。大切なことは、チームリーダーが言った「火の用心」を、それぞれの具体的な役割に振り分けることで、これによってこそ、現実的なそれぞれの役割行動が有機的に結びつき、「火の用心」が効果的に実現されるのです。

　このことと同じように、例えば、「チームで新製品Xを1億円販売する」というミッションがチームに課せられた場合を考えてみま

しょう。そのために、チーム全体としてどんな動きが必要かをまずは列挙します。そして、それらの必要な行動や業務を「役割」として、チームメンバーに振り分けるのです。管理者である自分も、もちろんチームメンバーですから「役割」を担う必要があるのは当然です。

　そして、自分も含めたチームメンバー全員は、「火の用心」の例と同様に、与えられた自分の「役割」を果たすことに全力を傾けます。各自が自分の「役割」を全うした時に、自動的にチーム目標が達成できていることになります。

　このように、組織目標を達成させるためには、まずは必要な「役割」に分解し、それを自分も含めた各メンバーに割り振っていきます。この作業を進める際の効果的なツールが「役割マトリックス」になります。

役割の設定

	目標	私（管理者）の役割	Aさんの役割	Bさんの役割	Cさんの役割
1	火の用心	火の用心	火の用心	火の用心	火の用心
2	火の用心	メンバー各々の役割推進状況を定期的にチェックし、不備があれば是正する	事務所の防火体制を、決められた通りにできているか確認する	避難経路を、常に使用できる状態で保つ	緊急連絡網を、現時点で使えるように管理する
3	新製品X売上1億	各メンバーの新製品Xの売上状況を把握し、同行訪問をしながら、販売を支援する	新製品Xを、新規ルートの開拓をメインに販売する	新製品Xを、既存大手を中心に販売する	新製品Xを、過去3年取引が中断している先をターゲットに販売する

「目標の連鎖」で
チームをがっちり固める

☑️
「リンキング・ピン」の視点で目標をブレイクダウンする
それぞれの目標がちゃんと連鎖されているか確認することが大切

「役割設定」を行った後は、どのようにしてその役割を現実の形として実現できるのでしょうか。

そのためには、役割を"目標化"するプロセス、すなわち、「目標設定」が必要になります。

「チーム力を高めるための目標設定」のポイントは2つあります。

1つ目のポイントは、"与えられた役割を果たしたかどうかを判断するための基準"という視点です。

つまり、「いつの時点で、なにがどう変わっていたら、あなたは自分の役割を果たしたことになるのですか？」というように、設定された役割を果たしたかどうかを後々評価（成果測定）できるように、期首の段階であらかじめその判断基準を決めておく作業、という一面です。目標を設定し、共有しておかないと、後々、任された役割を果たしたかどうかの判断がつかなくなってしまうからです。

2つ目のポイントは、組織上の上下左右の人と目標が連鎖しているかどうかという視点です。

なぜなら、役割は「役割マトリックス」によって各メンバーに割り振られ設定されており、その役割から降りてくる目標であるならば、当然にチーム内の目標はそれぞれが連鎖していなければならないはずです。が、往々にして役割と切り離された内容が目標として設定されてしまっ

ている場合が見られるのです。

　従って、管理者は、目標を設定するに際し、メンバーに個々の目標設定を任せてしまうのではなく、組織上の上下左右の方々との目標が確実に連鎖されなければいけないことを、メンバーに強く意識させ目標設定に臨んでもらわなければいけません。各自の目標を連鎖させることによってはじめて、それぞれの行動が有機的に結び付き、チームとしての相乗的なパワーが創造されるのです。

　これらの２つの視点は、リッカーの「リンキング・ピン・モデル」からイメージをするととても理解しやすいでしょう。

　この「リンキング・ピン・モデル」では、管理者は２つの組織をつなぐ"リンキング・ピン（結節点）"であると位置付けられます。管理者は、上位組織から降りてきた自分の目標（組織目標）を達成するために、自チーム内のメンバーに目標を振り分ける（ブレイクダウンする）ことになります。そのために、目標を設定する前段階で、「役割マトリックス」を作成し、組織目標を達成させるために必要なことを抜けなく一覧表に割り振り、それぞれの役割を果たすために具体的な目標として設定するという手順をとるのです。

　管理者から確実にブレイクダウンされた各自の目標は、上下間の垂直連鎖だけでなく当然、同僚とも水平連鎖をすることになります。

（目標のブレイクダウン）

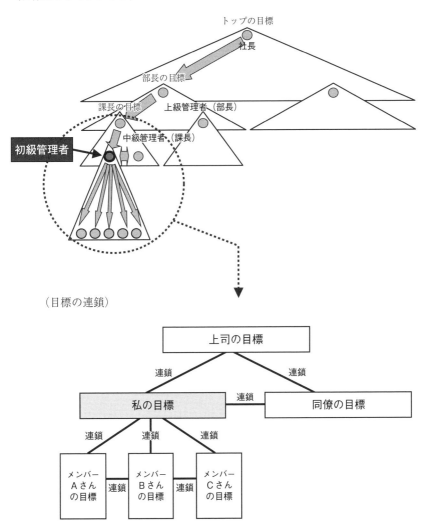

（目標の連鎖）

⑤ 「サーバントリーダーシップ」で チームを活性する

> ✓
> メンバーを支援するリーダーだからこそ尊敬を集めることができる
> メンバーが成長し、成功する環境を整えるのもリーダーの大切な役割

　リーダーシップというと、リーダーがメンバーを叱咤激励しながら大きな声で旗を振り、熱く引っ張る、というイメージを思い浮かべてしまいがちですが、果たしてそれだけがリーダーシップの取り方なのでしょうか。

　この疑問に答えてくれるのが「サーバントリーダーシップ」という視点です。

　リーダーは「サーバント」、すなわち「奉仕者」としての一面も持っているとする考え方です。

　つまり、一つの見方として、組織目標（管理者自身の目標と同じ目標）を達成させるためにメンバーが動くという見方をすれば、管理者の成功のためにメンバーが存在するということになります。もちろん、組織の目標は組織構成員全員の目標なのですが、組織目標が達成されれば、主にはその長たる管理者が称賛されることになることから、"上司のために部下が頑張る"という見方も一方ではできます。

　他方、「サーバントリーダーシップ」とは、このような考え方ではなく、メンバーの成功のためにリーダーが存在している、とするリーダーの姿勢をいいます。つまり、メンバーの成長と成功のためにリーダーはメンバーを支え、励まし、時には支援する。そのために最良の環境作りと環境維持のためにリーダーは尽力するというリーダー像です。

　そして、メンバーは、そういった姿勢がリーダーにあることを見て、はじめて「この人についていこう！」「この人のためなら頑張ろう！」という気持ちになるのです。逆に言えば、サーバントリーダーとしての姿勢がリーダーに感じられなければ、メンバーはリーダーを尊敬し、リーダーのために頑張ろうという気持ちにはなれないでしょう。

　一人ひとりがみな自分の人生の主人公です。誰も、他人のためだけに生きているのではないのです。みなが自分の人生をより充実したものにしたいと願い、そのために成長しようとし、努力しているのです。「ギブ　アンド　テイク」は「ギブが先」なのです。つまり、上司たるリーダーが、部下たるメンバーを支援することが先にこなければいけないのです。リーダーには、メンバーを優先し、自分は遅れて取る勇気が必要になります。この姿勢が「サーバントリーダーシップ」の基底になるのです。

　このようなサーバントリーダーシップの視点から見れば、チーム内でメンバーが動きやすいように環境を整えるのもリーダーの大切な仕事であることが理解できます。

　すぐにでも上司としてできる、メンバーが活性化するチーム内環境を
整えるための３つのポイントをあげます。

①感情に配慮する

　上司は、部下が常に仕事に集中できる状態にあることに気を遣わなけ
ればいけません。そのためには、部下の感情に絶えず気を配り、部下の
気持ちが今どこにあるのかについて把握しておく必要があります。そし
て、部下の感情を不安定にしている障害があれば、それを取り除くため
に努力することも上司の仕事の一つなのです。

②全員のパワーバランスを考える

　グループの中の力関係を常に見ておかなければいけません。上司たる
自分がいない時に、どのようなことが起きているのか、そして、そこに
はメンバー間のどのような力関係が影響を及ぼしているのか、そこのと
ころを把握しておく必要があります。なぜなら、一人ひとりに存分に自
分の能力を発揮してもらうためには、周囲の人間関係に余計な気を遣わ
せていては難しいからです。

③それぞれの仕事や関わりの住み分けを図る

　我々に物理的なパーソナルスペースがあるように、同様に仕事上でも
自分の判断によって自由に動き回れる範囲が必要です。その仕事範囲を
明確に示してあげることが、安心感とやる気をもたらします。そして、
そのことが一人ひとりに工夫の余地を与え、考える楽しみを実感させ、
ひいては考える力を養うことができるのです。

| Column | 管理者としてひと皮むけるための『目からウロコのワンポイント』 |

孫子「将の五危」

　この章では、チーム力を強化するための2つの側面、すなわち、ソフト面としての「価値観」と、ハード面としての「目標の連鎖」という両面について記載してきましたが、実は、もう1つの、チーム力を左右する重要な要素があります。それは、他ならない"リーダー自身"です。

　最も著名な兵法書である「孫子」には、リーダーとして行ってはいけないこととして「将の五危」を挙げています。つまり、リーダーがこの5つのうちのどれかを行ってしまうと、結果的にチーム力がそがれることになる危険な兆候を示してくれています。

　この5つを下に記します。

(1)必死　…　戦略もなく勝算もないにも関わらず、自滅覚悟で突き進むだけのリーダー
(2)必生　…　リスクを負わず、チャレンジも避け、安全第一主義で保身を図るリーダー
(3)忿速　…　ことの軽重や状況を深く考えることなく即断したり、長期的な影響を考えることなく短絡的にYes・Noを下したり、感情的になったりする思慮分別の足りないリーダー
(4)廉潔　…　表面的な自分の立場や名誉を気にしてばかりで、清濁併せ呑み、責任を負う覚悟ができていないリーダー
(5)愛民　…　メンバーや周囲のことを安易に配慮し過ぎ、厳しいことを言えず、結果的に怠惰で脆弱なメンバーの集団にしてしまうリーダー

　本書をお読みの皆さんには、この機会に、上記の5つのうち自分に当てはまるものがないかどうか、一度チェックしてみて下さい。

第7章

キャリアビジョンを描き、実現する

30代になったら自らの キャリアターゲットを絞りはじめる

「キャリア」とは確かな “意思” をもって勝ち取るもの
自らの「キャリア・ビジョン」を描き新しい未来を切り拓く

　「キャリア」の重要な視点は、“意識しながら取り組むもの” というところにあります。

　つまり、“キャリア” とは、場当たり的な時間の積み重ねの結果として “こうなった” というものではなく、明確な意図の下に戦略的に取り組み、果敢にチャレンジし、努力しながら形成していくものなのです。“偶然に手に入ったもの” というよりは、“勝ち取るもの” といった表現を用いた方が当を得ているかもしれません。なぜなら、そこには、明確な意思が確かに存在しているからです。

　ふりかえってみれば、20代における学習スタイルとは、“受動的な学習スタイル” が中心だったことがわかります。確かに20代は、自分で将来を選択するにはまだまだ経験が浅く、豊富な選択肢を持ち合わせていない時代でした。現場で起こった出来事に対して場当たり的、散発的に、そして、出くわした場面に応じて遮二無二突き進んできたようなそんな毎日だったことでしょう。そういった意味では、20代はより多くの経験と努力を積むための大切な基礎的な時期でもあったとも言えます。そんな中でスピードと応用力をフルに活かしながら対応し、多様なコミュニケーションを通じて多くを学び、自己を成長させてきました。

　しかしながら、30代を過ぎてからは、自分で意識しながら、“主体的な学習姿勢” へと徐々に変えていく必要があります。つまり、限られた

リソース（時間・オポチュニティ・お金等）を投入する対象を精査し、自己の成長を促す範囲をある程度絞っていくことです。例えるならば、水槽の全面に広く浅く水量を増やして来たスタイルから、メスシリンダーのような狭い範囲に水量を集中させ、より高さを得ようとする、そんなイメージです。

　そして、管理者となり部下を持つ立場になった今後は、それを体系的にまとめ、部下に伝授し、より広い範囲と大きな責任を伴った仕事を目指すことが期待されています。

　管理者の皆さんにとって、どこにターゲットを絞り自己の能力を実現させていくのがよいのか、そして、そのために、どんな努力が必要になるのか、この"能動的な取り組み"の出発点となるのが「キャリア・ビジョン」です。

　よく使用される言葉には「キャリア・アップ」、あるいは「キャリア・ステップ」というものがあります。この場合の"career"は「職歴」あるいは「経歴」というように表現されますが、この"career"という言葉には、実はもう少し大きな意味も含まれています。

　「キャリア・ビジョン」とは、"career"のもう一つの意味である「人生の成功」を描くことであり、"活躍している未来の自分像"をしっかりと見据えることです。仕事の付加価値を高め、所属する組織の中で活躍している自分のイメージ、成功している自分のイメージを頭に描くことから、自己の「キャリア・ビジョン」は動き始めます。

　　・将来のこうありたい私
　　・あこがれる自分の未来像
　　・こんなふうに成功している私
　　・かっこいい未来の自分像

等々、こういったイメージを具体的に描くことから、新しい自分を目指す本当のスタートが始まるのです。

「キャリア・ビジョン」の3つの方向性

> ✓
> どんな過程を経て自己の持てる能力を発揮していくのか
> 代表的な3つのルートを再度確認してみる

　本書をお読みの管理者の皆さんには、もちろんトップマネジメントを目指していただきたい。

　しかしながら、そのトップマネジメントはあくまでも最終的に目指すポストであって、トップマネジメントに行き着くために、どのような過程を経るかということが検討課題になります。

　この過程には3つの代表的なルートとして「キャリア・ビジョン　3つの方向性」があります。どのような視点や位置付け、あるいは役割で自らの付加価値を高めていくのか、大きくは3ルートの中から選択をしていくことになるのです。

1．ビジネスコンストラクター

　新しいビジネスの枠組みを考え、それを実現に向け構築していくことによって、付加価値をより高めていくことのできるビジネスパーソンを指します。

　新しいビジネスモデルを構築する企業内起業家は、ビジネスコンストラクターの代表格といっても過言ではないでしょう。もちろん、ビジネスコンストラクターはこれだけではありません。例えば、新しい商品開発を行い新たな市場を構築する、新しい販路を開発する、あるいは、他

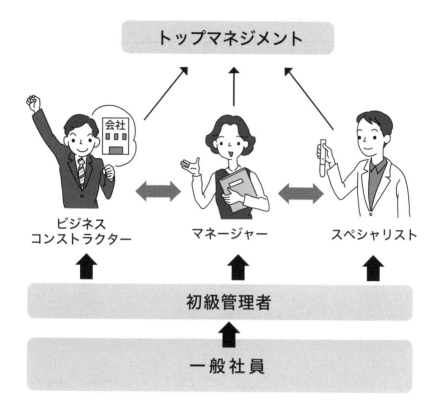

社とのアライアンスを強化する、M&A を行う、海外展開を図る、海外
に関連会社を立ち上げる等々、あげれば切りがありません。
　我々は、現在の目まぐるしい環境変化を乗り切るためには、既存のビ
ジネスを常に変化させながら生き抜く必要があります。この新たなビジネ
スの枠組みをコンストラクトしていく場面で活躍する"未来の自分像"
を持つ、というのがビジネスコンストラクターというキャリア・ビジョ
ンです。

2．マネージャー（管理者）

　マネージャーとは、人を使って、より大きな付加価値を生み出していくビジネスパーソンを指します。

　マネージャー層は、初級管理者から始まり、その上の中級管理者、そしてさらには上級管理者と続きます。マネジメント層のこの流れは企業内における階層構造の核をなし、組織を支える屋台骨となっています。従って、このキャリア・ビジョンを描く方が圧倒的に多くなります。

3．スペシャリスト（専門家）

　スペシャリストとは、保有する高度な専門性をもってハイクオリティな仕事を行い、専門能力の発揮により高い価値を付加していくビジネスパーソンを指します。

　環境変化が早く、スピードが求められる現在のビジネス現場においては、最適でスピーディーな対応を実現するためには専門性は欠かせません。

　研究開発、ITシステム、法務、マーケティング、人事労務、そして営業、あるいは製造現場におけるマイスター等、高度に熟練した技や深い知識等を必要とする職務は多く、スペシャリストが期待される場面は今後ますます多くなっていくと予想されます。

　それぞれの仕事の現場で、上記3つの方向性は容易にイメージできることでしょう。キャリア・ビジョンのイメージを明瞭に描くことができればできるほど、自分にとって今後の新たな能力の獲得が求められることが十分に理解できることと思います。

❸ 成功する管理者が身につけている 「一般化スキル」と学習視点

✓

多様で豊富な体験を「一般化」し、ナレッジとして可視化する
少しの「自己啓発」があれば一般化スキルを高めることができる

　管理者の皆さんが今後より大きく成功するためには、皆さんの中に蓄積された多様な知識や経験を、持ち歩き可能で、しかも他者に対しても伝承可能な"ナレッジ"として抽出する必要があります。

　このプロセスは、「一般化」、あるいは「言語化」と呼ばれます。個々の体験を「一般化」しなければ、せっかくの貴重な体験はそのまま風化してしまい、次に活かされることは難しいのです。

　ここでいう豊富な現場経験とは、自分自身の体験のことだけを言っているのではありません。周囲の方々を見て、それを疑似体験するということも、個々の体験の中に含め、広くとらえたほうがいいでしょう。これらの体験の中にこそ、ナレッジの原石が存在しているのです。

　しかしながら、散発的に起こった現場経験にはそれぞれの個別事情が付きまとっています。この個別の体験から本質的な部分を抽出し、整理することができてはじめて、幾多の多様な体験が今後の貴重な宝物とすることができるのです。

　この原石から宝石部分を抜き出すプロセスこそが「一般化」であって、それを行うためには、実は「理論」を援用することが一番確実で、てっとり早いのです。

　筆者の経験でこういったことがありました。

　全国的に著名なＡ社には、全社で有名なトップ営業担当のＢさんがい

ました。そのＡ社では、「Ｂさんがなぜ売れるのか？」ということが長年の課題でしたが、Ｂさん自身もわからないと言うし、歴代の直属上司でさえも明らかにすることができませんでした。Ａ社とすれば、Ｂさんが売れる理由を明らかにし、それを一般化し、ナレッジとして確立し、それを全営業担当に実行させれば、飛躍的な売上アップを実現できるのです。そこで、会社としてＢさんが売れる理由を明らかにすべく、Ａ社内で全社的なプロジェクトが結成されました。しかしながら、半年間のプロジェクト活動の結果は、やはり「わからない」ということで、結局うやむやのまま解散になっていました。

　こんな時に、筆者がＡ社で営業研修会を行ったわけですが、時間も押し迫り後半にさしかかった時、たまたま研修会に参加していたＢさんが突然大きな声で、「やっとわかった！」叫んだのです。

　つまり、長年かかってわからなかったＢさんが売れる理由が、私の説明した「理論」に当てはめてながめてみると、一見バラバラに見えていた個別の営業現場におけるＢさんの動きには、実はその目に見えない根底部分では、基本的ではあるものの、とはいえとても重要なある一貫した流れができており、結果、「理論」を通して明らかな共通因子を取り出すことができたのです。

　このように「一般化」するためには、「現場と理論の融合」プロセスがポイントになるのです。

　では、「理論を学ぶ」とは、なにをどのように学べばよいのでしょうか。

　まず、「理論」ですが、これは、"○○の法則"というような堅苦しいものだけではなく、"現場以外から得た知識"というレベルでよいのです。なぜなら、現場で得たことに対して、現場以外の視点で整理をする、という位置付けだからです。別の言い方をすれば、現場で起きたことに対して、"意味合いを後付けする"こととともいえます。この「意味付け」のプロセスということでいえば、「一般化」プロセスとは、今までの体験に対する「価値付け」のプロセスとも言えるのです。

　管理者がこの「一般化スキル」を身につけ、「一般化サイクル」を回せるようになるためには、「理論」の学習がポイントになることはご理解いただけたと思います。では、それはどのように進めればよいのでしょうか。

　実は、ここに大きな差が表れてきます。なぜなら、「自己啓発」になるからです。

　よく「会社が教えてくれないのでわからない」という人がいますが、これは大きな間違いです。もちろん、新入社員に対しては、最低限の仕事の進め方やルール、あるいは基本的なテクニカル部分は丁寧に教える必要がありますが、それ以降の現場における個々の事象に対する一挙手一投足の対応に至るまで教えきることは、現実的にはなかなか難しいことです。

　会社が主催する「研修」もありますが、あくまでも「自己啓発のキッカケ」であり、入り口でしかありません。興味付け程度と考えてもいいくらいでしょう。例えば、コミュニケーション研修に参加して興味を持ってもらえば、あとは自己啓発へとつながっていくものだと思います。1

日、2日の研修で、ビジネス現場に起きるあらゆる事柄に対応できる知識やスキルを伝え切ることは不可能に等しいでしょう。

　従って、自分の為す仕事に対していかに価値を付加していくかは、あくまでも個人の責任であり、会社の責任ではありません。会社がそのための“豊富な経験の場”を給与付きで与えてくれているのだと謙虚に受け止め、身の回りの個々の貴重な体験をどのようにして自己の能力に結び付けていけるかは、決して会社だけの責任ではなく、自己責任の範囲なのだと考える姿勢が大切になります。

　このことから考えれば、「会社が教えてくれない」「会社が勉強の機会を与えてくれない」「会社がなにもしてくれない」等々の姿勢で会社の責任に転嫁しているとするならば、そのような生き方自身が自己の主体性を放棄したことに等しく、自分の人生に対して、いかに無責任な人生態度で臨んでいるかということが容易に理解できます。つまり、“career”、すなわち、自分の人生が成功するかどうかすらを、会社の方針に任せきるということであり、とても悲しむべきことです。自分の人生劇場の主人公は、あくまでも自分でなければいけないのです。

　これが「自己啓発」の原点です。

　自己啓発は、決して会社のためでもないし、他者のためでもない。あくまでも、自分の“career”すなわち、“輝かしい自己の未来像”を実現させるためのものなのです。逆に言えば、「自己啓発」を行わないビジネスパーソンは、自己のこれからの成功を自分の判断と責任で放棄したことになってしまいます。自己の不成功は、決して会社とか他者に強制されたことではないのです。

　このことが、「自己実現」という概念にもつながっていきます。

一般化したナレッジで 「成長のサイクル」を回す

貴重な体験から一般化したナレッジには3つの活用方法がある
キャリア・ビジョンの方向性により効果的に活かす

　「現場と理論の融合」により「一般化」され、創出されたナレッジは、そのままでは新しい価値を生むことはできません。

　ナレッジは、それが再び現場に戻り、効果的に活用されることによって、皆さんの貴重な体験が現実的な成果としてその価値を発揮します。この現場における価値の発揮が、キャリアビジョン実現に向けた推進力となるのです。

　この現場における価値の発揮のしかたには、大きく分けて3通りの道があります。

　1つは、「実践」への道です。

　言語化のプロセスにより得られたナレッジが再び現場に戻り、高度化された次なる現場体験へとつながり、それが更なる一般化を通して、より高度なナレッジとして確立される道です。これは、「成長のサイクル」と呼ばれます。この成長サイクルは、より多くの回数をより確実に回すことにより、スパイラル状にナレッジを高めることができます。

　「成長のサイクル」を着実に回すための3つのポイントをあげます。

①一般化スキルを高める

　管理者自身の一般化スキルを高めることです。そのための基となる理論を多く学ぶには、自己啓発を積極的に行わなければいけません。自分の時間とお金を自分につぎ込むこと、すなわち「自己投資」がなければ、

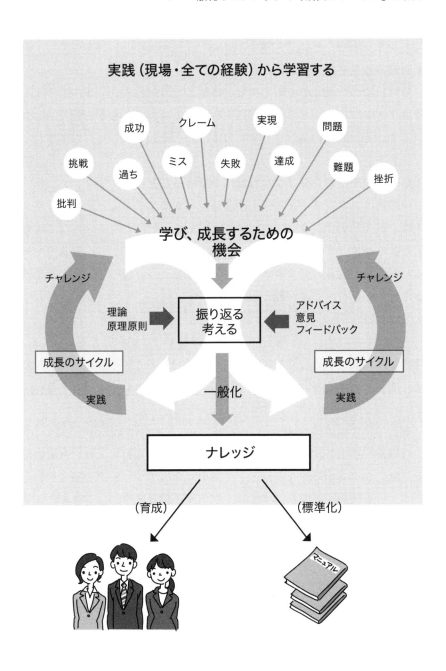

スキルを高めることはできません。

②周知の意見も採り入れること

　自分自身の一般化のための視点（理論）には限界もあります。そんな時は、メンバーや他部署の人間に入ってもらったりしながら皆で話し合います。その意見のぶつかり合いの中から、新しいナレッジが生まれることもあります。

③必ず次のチャレンジングな行動につなげること

　一般化は、成長サイクルの前半部分でしかありません。成長のサイクルは、後半の行動化が伴って初めて、「成長」を現実のものとして実感することができます。新しいナレッジによる後半の行動化は、今までやっていなかった動きの方がきっと多いことでしょう。従って、その行動自体がチャレンジングな行動と言えるのです。

　2つ目は、「部下の育成」に活用する道です。

　一般化されたナレッジを、直属の部下の成果として結実させる道です。管理者は、部下を通して成果を上げる存在でもあり、そういった意味では、部下一人ひとりの成長につなげていくためのナレッジでもあるのです。

　そして、3つ目は、「標準化」され、マニュアル化する道です。

　現場から抽出されたナレッジをより標準化することにより、直属の部下だけでなく、全社的な資産として活用する道です。管理者個人が自らマニュアル作成を行うというより、例えば、営業推進のような専門部署へナレッジを渡し、彼らに形としてまとめてもらうことになるでしょう。あるいは、プロジェクトを結成し、その中で活用するという進め方もあります。

　一般化されたナレッジは、「キャリア・ビジョン3つの方向性」に焦点を合わせながら、更なる新しい価値の創出へとつながっていくことになります。

「人の役に立ちたい」という気持ちがキャリアを実現する

> ✓
>
> 「成長」とは「人の役に立つ力」を大きくすること
> お客さま、得意先、チーム、会社のためという発想が成長を実現する

　ビジネスの世界で「成功」するためには、「成長」が欠かせません。20代のままの知識や見識、あるいは影響力だけでは、最終的な成功をおさめることは難しいからです。そして、「成長」とは、突き詰めていけば、結局は「人の役に立つ力」が増大することを意味しています。そうでなければ、顧客の役に立つことによって利益を得るというビジネスの世界における、正しい成長とは言えないのです。「人の役に立つ力」とは、「貢献できる力」であり、「付加価値を上げる力」でもあることが理解できます。

　では、「人の役に立つ力」を大きくするために、最も大切になるものは何なのでしょう。

　今の自分では乗り越えることのできない壁にぶち当たった際に、我々にはいつくかの選択肢が用意されています。乗り越えられるように自分が成長することも当然選択肢の一つですが、それ以外にもたくさんあります。あきらめる、逃げる、ごまかす、約束を違える、信念を捨てる、人を裏切る、合理化する（「どうせ、あの葡萄は酸っぱいんだ」と自分に言い聞かせる）等々、身の回りにはいくらでもその例はあります。

　こんな中で、最もエネルギーを必要とする「成長」という選択肢を選ぶには、よほど強い心を持ち合わせていなければいけないでしょう。その心とは、「人のためになりたい」「人の役にたちたい」という素直な気

持ちです。

　一見、「自分のため」という気持ちが大きなパワーを発揮させるように感じますが、その力を持続させることができるかという点においては、どうも異なるようにも感じます。なぜなら、「自分のため」だけですと、途中に障害が発生した時点で、「まぁ、自分が我慢すればいいだけだから、もうやめようかな～」と、安易に流れてしまうからです。つまり、自分が苦労することと、それによって自分が得られる対価を無意識の中で比較し、苦労することの方が得られるものより大きいと感じた時点で、努力を止めてしまうのです。

　しかしながら、「人のため」となると、ことは違ってきます。つらい中でもなんとか踏ん張り続け、頑張ることができるものです。

　従って、「成長」、すなわち「人の役に立つ力」を伸ばすには、当然、「人の役に立ちたい」という強固な気持ちが心底にあって初めて実現できるものなのです。その気持ちがなければ、幾重にも連なる現実的な山谷にぶつかった時点でへこたれ、それを乗り越えることは不可能でしょう。

　この気持ちを持つには、あるいはメンバーに持たすには、3つの切り口があります。

①目の前のお客さまに喜んでもらう

今、目の前にいらっしゃるお客さまお一人おひとりに、いかに喜んでいただくかという視点です。役に立つ製品の提案から、明るい笑顔に至るまで、気持ち次第でいくらでもあります。「今、お客さまに喜んでいただくには、私にできることはなんなのか?」という発想が、人を成長させます。お客さまは、もちろん「社外のお客さま」だけではありません。「後工程はお客さま」と言われるように、「社内のお客さま」も立派なお客さまです。

②得意先を成功させる

例えば、皆さんから商品を購入しているお店の近くに、そのお店の競合店があるとします。もちろん、競合店は皆さまから購入していません。

この状況の中で、我々が今、しなければいけないことは、我々を信じていただき、購入をしていただいたお客さまを成功させることです。我々の一番の仕事は、我々を支持していただいたお店を、競合店以上に成功させることなのです。そのお店が競合店に負けないように、我々は頑張り抜かなければいけないのです。

③自分の部署や会社を大きくする

「自分のため」となると、なかなか力は出ないものですが、「みんなのため」となると、いざここ一番の時には驚くようなパワーを発揮できます。

人は、人になにかをしてもらうよりも、人から「ありがとう」と言ってもらいたい存在なのです。

Column　管理者としてひと皮むけるための『目からウロコのワンポイント』

「自己実現」とは

　昨今、「自己実現をしたいから転職します」という言葉に代表されるように、短期的な視点や欲求によって、歩む道を選択すること自体を「自己実現」と解釈し、使用している風潮が感じられることがあります。

　しかしながら、「自己実現」の本来の意味合いは異なっていることを理解しておくことが重要です。

　著名な心理学者であるカール・ロジャースは、「自己実現とは、自分の潜在的資質をフルに発揮するために不断の努力をすること」と定義しています。つまり、自己実現の欲求とは、自己の持てる潜在能力を顕在化させたいという欲求であり、その欲求に応えるために血のにじむような努力をし続けることなのです。

　そのための視点の一つであり、キッカケとなるのが、「キャリア・ビジョン」という見方であり、それを実現させるための「自己啓発」なのです。

　本稿をお読みの管理者の皆さんには、是非とも、この本来の意味合いである「自己実現」を達成していただくことを心より願っています。

参考文献

「現代の経営（上・下）」（P・F・ドラッカー著　上田惇生訳　ダイヤモンド社）

「経営管理」（野中郁次郎著　日本経済新聞社）

「組織と人間の行動」（冨岡昭著　白桃書房）

「リーダーシップ入門」（金井壽宏著　日本経済新聞社）

「ストラテジック・プリンシプル」（オリット・ガディッシュ　ジェームズL・ギルバート　著　有賀裕子訳「Harvard Business Review 2001/10」（ダイヤモンド社）26〜37頁）

「モチベーション　やる気を引き出す20のポイント」（林恭弘著　総合法令）

「取締役イノベーション」（ウイリアム・マーサー社　東洋経済新報社）

「行動科学の展開」（P・ハーシィ　K・H・ブランチャード　D・F・ジョンソン著　山本成二　山本あづさ訳　生産性出版）

「無敵のリーダーシップ」（瀬戸尚著　ダイヤモンド社）

「チームマネジメント」（古川久敬著　日本経済新聞社）

「目標管理活用学」（中嶋哲夫著、経営書院）

「自分で売るな！部下に売らせろ！」（中井嘉樹著　PHP研究所）

「チーム力を高める魔法の力」（中井嘉樹著　経営書院）

【著者紹介】

中井嘉樹（なかい よしき）

株式会社フェアウィンド　代表取締役
1959年生まれ。同志社大学卒業後、㈱内田洋行、㈱キーエンスを経て、㈱日本ブレーンセンター（現　エン・ジャパン㈱）にてチーフコンサルタント・取締役を務めた後、現職。
経済産業大臣認定中小企業診断士。
著書：「チーム力を高める魔法の力」（経営書院）、「はじめてのOJTリーダーの心得」（経営書院）、「新入社員基礎講座」（共著　経営書院）、「（イラスト）顧客満足［CS］の心得」（共著　経営書院）、「3士業で解決！多面的労務管理」（共著　経営書院）、「自分で売るな！部下に売らせろ！」（PHP研究所）、「会社を変える！40歳の仕事力」（共著　PHP研究所）。

改訂版 はじめての部下育成の心得

2008年2月29日　第1版第1刷発行
2023年7月12日　第2版第1刷発行

定価はカバーに表示してあります。

著　者　中井　嘉樹
発行者　平　　盛之

㈱産労総合研究所
出版部　**経営書院**

〒100-0014　東京都千代田区永田町1-11-1　三宅坂ビル
電話03（5860）9799
https://www.e-sanro.net

印刷・製本　中和印刷株式会社
ISBN 978-4-86326-362-8　C2034